基金项目：湖南省教育科学"十三五"规划项目"新时代湖南乡村教师专业发展及支持机制研究"（课题编号：XJK20BJC005）

中小学骨干教师培养研究

龙红明　著

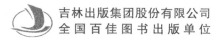

吉林出版集团股份有限公司
全国百佳图书出版单位

图书在版编目（CIP）数据

中小学骨干教师培养研究/龙红明著.,――长春：
吉林出版集团股份有限公司.2022.10
ISBN ISBN 978-7-5731-2300-8

Ⅰ.①中… Ⅱ.①龙… Ⅲ.①中小学－师资培养－研
究 Ⅳ.①G635.12

中国版本图书馆CIP数据核字(2022)第175841号

ZHONGXIAOXUE GUGAN JIAOSHI PEIYANG YANJIU

中小学骨干教师培养研究

著　者	龙红明
责任编辑	杨　爽
装帧设计	优盛文化

出　版	吉林出版集团股份有限公司
发　行	吉林出版集团社科图书有限公司
地　址	吉林省长春市南关区福祉大路5788号　邮编：130118
印　刷	定州启航印刷有限公司
电　话	0431-81629711（总编办）
抖音号	吉林出版集团社科图书有限公司　37009026326

开　本	710 mm×1000 mm　1 / 16
印　张	12.25
字　数	220 千
版　次	2022 年 10 月第 1 版
印　次	2022 年 10 月第 1 次印刷

书　号	ISBN 978-7-5731-2300-8
定　价	78.00 元

如有印装质量问题，请与市场营销中心联系调换。0431-81629729

随着社会经济的不断发展和教育改革事业的推进，我国中小学教育事业对教育教学人才的需求相当紧迫，建设符合时代发展、具备优秀职业素养的教师队伍成为教育工作的重点之一。骨干教师是教师队伍的中坚力量，是全面开展素质教育的主力军，骨干教师的质量和数量体现着我国教师队伍的整体水平，中小学骨干教师培养是建设优秀教师队伍的重要工作内容。

骨干教师相较于一般教师具备许多优秀特质，对骨干教师的专业素养进行分析有利于明确骨干教师的培训目标，并提高骨干教师的培养效率。此外，骨干教师培养属于教师教育，目前我国教师教育仍处于发展阶段，现行的教师教育体系仍处在不断改革完善的进程中。在教师教育理念和现代人才培养理念的影响下，"教师教育一体化""区域资源整合""人才协同培养"成为教师教育的重要发展方向。在这一背景下，中小学骨干教师培养也应顺应时代潮流，不断完善培养机制，提高教师培养效率。

本书基于教师教育发展和人才培养背景，对中小学骨干教师培养进行深入研究，研究骨干教师培养途径、完善骨干教师培养机制、探索骨干教师培养模式，并对不同类型的骨干教师培养进行深入分析，为中小学骨干教师培养和教师专业化发展提供借鉴。

本书第一章详细介绍了中小学骨干教师的特征、内涵，并对骨干教师培养的目标、途径进行了阐述，帮助教师深入了解中小学骨干教师和教师培养的具体内容，为骨干教师培养提供理论基础。

第二章对胜任力相关理论进行介绍，并分析了骨干教师胜任力构成因素，深入阐述了胜任力对骨干教师培养的意义。胜任力是近些年在人才管理方面新兴的研究课题，本书将胜任力与骨干教师培养相结合，有利于对教师进行针对性培养，提高骨干教师培养效率。

第三章对中小学骨干教师胜任力的培养路径进行了探索。骨干教师胜任力大体可分为师德、能力、综合素养等三大模块，本书通过对不同类型胜任力培养路径的探索，为中小学骨干教师培养提供理论支持和实践途径。

第四章是中小学骨干教师培养机制的完善。中小学骨干教师培养属于教师教育，目前我国教师教育仍处于发展阶段，有很多方面需要完善。笔者从骨干教师的培养途径入手，结合对骨干教师培养有促进作用的教师评价，对课程培训机制、教育科研机制、实践提升机制等提出完善的措施，并对建立综合性教师评价机制提出建议。

第五章对中小学骨干教师模式进行了探索。基于教师终身学习理论，笔者认为骨干教师的培养与教师的职前培养和职后教育息息相关，为响应"教师教育一体化"的发展方向，本章对常见的教师职前培养模式和职后教育模式进行了探索，包括名师工作室培养模式和卓越教师培养模式，为我国骨干教师培养模式总结了发展方向。

第六章为不同类型骨干教师的培养。不同类型骨干教师成长目标、专业素养结构、发展状况具有一定差异，本章对研究型骨干教师、青年骨干教师和优秀班主任培养进行了探索，并提出了具体的培养方法或途径。

第七章对中小学骨干教师培养进行了展望。就教师培养而言，随着教师教育一体化的发展，院校协作培养教学人才成为未来发展方向；就骨干教师个人成长而言，特色教师是骨干教师继续专业化发展的重要方向之一。此外，骨干教师培养还应充分利用现有骨干教师的带动作用，带动更多教师走向专业化发展道路。

鉴于笔者水平有限，书中难免存在疏漏，敬请各位同行及专家学者予以斧正。

龙红明

CONTENTS | 目 录

第一章 中小学骨干教师培养理论

教师是立国之石，推动我国教育事业发展，为社会培养一批批优秀人才；教师是兴教之源，承担着让每个学生健康成长、发展成才的责任；教师是立校之本，是学校长足发展的关键。

我国中小学教师对我国青少年成长发挥着关键作用，师资力量建设是我国基础教育事业发展的重要任务。骨干教师作为学校教师队伍的中流砥柱，对提升学校教育质量、推动学校师资力量建设具有积极意义，中小学骨干教师培养成为我国教育行业经久不衰的研究课题。

本章将详细介绍骨干教师的概念、分类及特征，并对骨干教师的培养目标、培养途径和培养方法进行阐述，为中小学骨干教师的培养提供理论基础。此外，我国政府高度重视中小学教师队伍建设，提出了很多相关政策，笔者将对部分政策进行解读，为中小学骨干教师培养提供借鉴。

第一节 中小学骨干教师的概念、分类及特征

随着我国教育事业的不断发展，教师的职业化程度不断提高，越来越多的骨干教师被培养出来。骨干教师具有专业教师素养，在一线教学工作中发挥着不可估量的作用。作为面向未来的事业，教育的发展需要大量承前启后的骨干教师，了解骨干教师的内涵是骨干教师培养的第一步。本章将以中小学骨干教师的概念、分类和特征三个角度作为切入点，帮助读者理解骨干教师的具体内涵（图1-1）。

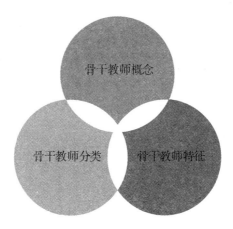

图 1-1　骨干教师内涵

一、骨干教师的概念

"骨干教师"一词始于 1962 年我国教育部下达的文件《关于有重点地办好一批全日制中、小学校的通知》。骨干教师通常指在一定范围的教师群体中，师德修养和职业素质相对优异，具有丰富的教学经验，在教育活动中发挥了骨干作用的教师。

一般来说，骨干教师可从三个层面进行体现：资格认定及管理层面、教师培养培训层面、实际工作意义层面。其既是称号，也是培养目标，还代表一部分教师群体。

从资格认定及管理层面来说，骨干教师可以分为校级、区（县）级、市级、省级和国家级五个等级，不同等级的素质要求和评定标准具有差异，同一等级的评定标准也因地域分布、教师结构、供职单位等有所不同。但无论哪种情况，办学组织、学校对骨干教师素质的基本要求大致相同。

从教师培养培训层面来说，骨干教师培养即是培养更多的中小学教育中坚力量，组建新时代具有高尚师德和精湛教学技艺，可以熟练掌握、使用教科前沿成果，能够创造性地从事教育教学工作，并不断完善自我的教师。在这一层面，骨干教师代表培养标准。

从实际工作意义层面来说，骨干教师是我国中小学教育的中坚力量，不仅在实际教学活动中承担较多的教学任务，还取得过一定教育教学成果，并在教师群体中起到示范作用和带动作用。

二、骨干教师的分类

骨干教师有不同的类型，既可以根据教师能力特点进行分类，也可以根据教师年龄阶段进行分类，还可以根据其他标准进行分类。

（一）根据教师能力特点分类

根据教师能力特点，骨干教师可以分为全面型骨干教师和专长型骨干教师。

1.全面型骨干教师

全面型骨干教师指素质全面、素质结构发展协调的骨干教师，其在学校教育工作中发挥着重要支撑作用。

在道德情操方面，全面型骨干教师用高尚的政治思想道德标准要求自己，不仅热爱、尊重教育事业，善于与广大教师积极合作，还能用优秀的人格影响学生；在教学能力方面，全面型骨干教师对国家教育方针有着深刻理解，能全面把握教育性质、方向和目标，并在实践中坚定地执行；在人际交往方面，全面型骨干教师善于协调各种关系，不仅可以与学生形成良好的师生关系，还能与社会、家长协调配合，共同促进学生健康成长。全面型骨干教师能力均衡、德才兼备，在学校教育中往往起到表率作用。

2.专长型骨干教师

专长型骨干教师指素质结构不够平衡，在某个方面表现杰出的骨干教师，可分为教学专长型骨干教师和教育科研型骨干教师。

（1）教学专长型骨干教师。教学专长型骨干教师的教学能力在其素质结构中最为突出，包括优秀的认识能力、教学设计能力、表达能力、组织能力和交往能力等。这种类型的骨干教师能够高水平地调控教学活动，高水准地实现教学目标，并拥有自身独特的教学风格，通常在教学工作中发挥着很强的指导作用。

教学专长型骨干教师对所教授的学科有深刻的理解，可以用自身对学科的热爱感染学生，激发学生对知识的渴求，从而使学生投身追求科学和真理的行列。他们善于运用生动的语言和各种教学方法，能够清晰表达知识内容并且营造良好的教学氛围，使学生在轻松愉悦的状态中将知识完全理解掌握。此外，他们善于在教学过程中启发学生思维，并注重对学生思维习惯的培养和学习能力的提升。教学专长型骨干教师往往因教学风格别具特色而广受学生喜爱。

（2）教育科研型骨干教师。教育科研型骨干教师具有很强的研究能力，素质结构偏重于知识与思考能力。他们除具备扎实的专业知识外，还能够广泛吸收教育学、心理学、哲学、系统科学和各类学科的文化基础知识，并形成符合自身教学水平的动态知识结构。

教育科研型骨干教师具备扎实的专业功底和深厚的知识素养，并拥有开阔的视野，善于运用科学的批判精神对事物进行理性思考。他们关注社会发展潮流，常站在社会发展角度思考教育问题，推崇新思想、新观念。他们善于思考和总结，并在教学设计中提出更高目标，有利于推动教学改革，因此，他们通常在教学工作中起到强大的创新作用和带动作用。教育科研型骨干教师具备开放的思维系统和批判的思维精神，这些使其对教育教学的改革和发展发挥了有效的促进作用。

（二）根据教师年龄阶段分类

在实际教学工作中，可以根据教师年龄，将骨干教师分为青年骨干教师、中年骨干教师和老年骨干教师。

青年骨干教师指年龄 40 岁以下，在科学和教研方面取得显著成绩，具有很大发展潜能的教师；中年骨干教师通常指年龄在 40～55 岁，具有较多教学、科研成果，有一定知名度，职业素养优异的教师；老年骨干教师通常指55 岁以上，多年从事教学行业并具备丰富教学经验和教学成果的教师。

青年骨干教师是骨干教师重点培养对象，他们代表学校教育事业的未来；中年骨干教师发挥着承上启下的作用，是学校教育的中坚力量；老年骨干教师教学成果斐然，在长期的教学实践中养成了优秀的工作习惯，对中青年骨干教师的培养具有积极意义。

（三）根据其他标准分类

骨干教师定义比较宽泛，因此涵盖范围较大，在实际教学中除根据能力特点、年龄阶段分类外，还可以根据教师职能进行分类，如分为优秀班主任、优秀学科教师；根据职称评级分类，如分为县级骨干教师、市级骨干教师、国家级骨干教师等。此外，优秀教师、特级教师、学科带头人、名师等概念在实际工作层面也常被纳入骨干教师的范围。

三、骨干教师的特征

骨干教师的特征分为表征和特质两方面，表征是可以看到的、在外体现的特征，特质是内在的素质特征。了解骨干教师的表征和特质有利于加深对骨干教师的理解，对骨干教师的培养具有积极意义。

（一）骨干教师的表征

骨干教师作为优秀教师群体，往往具有一种看得见、摸得着的气质，也可以说是表征，即可以体现出来的特征。骨干教师的表征体现在教学信心、教学行为、教学管理、工作态度四个方面（图1-2）。

图1-2　骨干教师表征的体现

1. 教学信心

骨干教师最显著的表征是对教学效果信心十足，这种信心源于骨干教师的教学效能感。教学效能感指教师对自身影响学生学习活动和学习结果的主观判断，分为一般教学效能感和个人教学效能感两种类型。

一般教学效能感指教师对教育学的关系、教育对学生发展的作用等问题的认识；个人教学效能感则指教师对自己教学成果、教学能力的评估和认知。

骨干教师的教学效能感相较普通教师而言具有准确性、鲜明性，即骨干教师可以准确识别学生个性、洞察学生天赋，并能够在复杂的问题上明察秋毫，根据学生学习爱好等特点调节学生日常行为，从而使学生成为栋梁之材。

骨干教师通过自身教学效能感，可以较为准确地判断某种教学活动给学生带来的影响，也可以对教学成果进行预测，并根据想要达到的教学目标设置教学环节，对教学效果信心十足。

2.教学行为

骨干教师的教学行为相较一般教师而言更为扎实敏捷，即眼疾、手快、口实、耳灵、腿勤、脑活。

骨干教师的"眼疾"表现为观察班级事物和学生个人变化的速度快、角度准、方位全、效果好。骨干教师时刻关注班级事务，并根据观察判断事情的是非曲直。骨干教师经常通过眼神向学生传递积极正向的情感信号，鼓励学生克服困难、拼搏向上，加强师生的情感交流。此外，骨干教师具有敏锐的洞察力，可以通过学生外部表现看到学生内心活动的轨迹，从而获得有效的信息并应用于教育教学中。

骨干教师的"手快"表现为处理事务有条不紊、干净利落。骨干教师日常需要处理的事务繁多，包括教书、育人、科研、培训等，这要求其具备强大的处理能力。有条不紊、干净利落的工作特点可以帮助教师高效完成各类工作，而不至于因工作任务造成过重的心理、生理负担。

骨干教师的"口实"表现为骨干教师说真话，不说假话、空话、套话，"言必信，行必果"。骨干教师是一般教师的工作楷模，是学生的学习典范，其发言的字句常被模仿，或引起学生的反省，或刺激学生的情感，有时会对学生的一生造成影响。因此，骨干教师在发言时不能说假话和空话，一旦许诺，必须兑现。

骨干教师的"耳灵"表现为善于听取各方意见，如领导意见、同事意见、学生意见、家长意见等。在受到批评时，骨干教师表现大度，可以接纳各方的批评和建议，并通过大脑加工处理，形成良好的"信息场"，拓宽信息反馈渠道。

骨干教师的"腿勤"表现为行动到位，发现问题及时解决。骨干教师时刻将学生放在心上，发现问题立刻处理，便学生可以感知到教师时刻都在他们身边。此外，骨干教师的"腿勤"还表现在勤视察、勤家访、勤辅导等方面。

骨干教师的"脑活"表现为善于动脑，时刻运用创造性思维。骨干教师面对多变的班级事务和性格各异的学生时，非常善于动脑，并根据教学理论、实际情况、教学经验等想出解决问题的最佳方案。

3.教学管理

在教学管理方面，骨干教师最明显的表征是对课堂管理、监控自如，构建高效课堂。教学系统由教学信息、教学材料、教学设备等要素组成，包括控制、执行、反馈三个子系统，教师在其中起到控制、实施的主要作用。

课堂教学一般采取"信息输入—信息交换—信息贮藏—信息输出"的开放式教学结构，骨干教师对课堂管理、监控自如主要体现为达成信息交流量百分百和知识掌握率百分百（即教学效率与教学效果百分百）的教学目标。

（1）信息交流量百分百。信息交流量与教学效率息息相关，骨干教师通常采取以下几种措施达到信息交流量百分百的教学目标。

①让全体学生参与教学活动。全体学生参与到课堂中是实现信息交流量百分百目标的前提。骨干教师能够通过运用多种教学方法提高学生的课堂参与率，让每个学生充分参与到课堂活动中，提高课堂信息交流量。

在课堂教学中，部分教师的教学只面向比较活跃的学生，而忽视了其他学生。骨干教师的教学则面向全体学生，不仅关注表现活跃的学生，还鼓励不太活跃、较为沉默的学生参与课堂活动，提高学生的课堂参与率。

②做到"四个学堂"。"四个学堂"指学堂练习、学堂校对、学堂更正和学堂解决，这些教学措施是实现信息交流量百分百教学目标的有力保障。骨干教师通过课堂练习等测试及时掌握学生学习情况，并根据学堂校对将正确信息传递给学生，让学生调整自身学习活动，在课堂上解决自身学习问题。

做到"四个学堂"，可以有效提高信息交流效率，从而提升教学效率。

③提高师生交流效率。骨干教师通常采取让学生分组讨论、鼓励学生提问等方法提高师生交流效率。教师将知识信息传输给学生并提出问题，学生回答问题并将信息反馈给教师，这种教学方式只能使部分学生参与到教学过程中，其他学生处于"陪堂"状态，信息交流量无法达到百分百。骨干教师组织学生分组讨论，让学生互相学习、互相评价、共同提高，这种方式扩大了信息交流量，同时提高了师生交流效率。

此外，学生提出问题并得到解答比学生单纯回答教师问题的收获要大很多，骨干教师通常会采取鼓励学生提出问题的方式，让学生从"会答"转变为"会问"，开拓学生思维，提高师生交流效率。

（2）知识掌握率百分百。知识掌握率（教学效果）百分百包括两层含义：第一层是教师传授的知识技能被学生百分百掌握；第二层是百分百的学生都掌握了应掌握的知识技能。骨干教师在课堂教学中，通常会采取以下措施实现知识掌握率百分百的教学目标。

①因材施教。每个学生都有自身的个性特点，普遍存在差异性，要增强教学效果，需要教师在教学过程中做到因材施教。因材施教是实现知识掌握率百分百教学目标的前提。

骨干教师在教学工作中，通常秉持因材施教的教育理念，并具备层次教学观念，善于运用不同的教学方式对学生进行差异化教育，如将分班教学、分组教学和个别教学相结合，以达到最佳教学效果。

②激发学生兴趣。学习兴趣是学生倾向于认识、获得某种知识的心理特征，是学生获取知识的内在推动力，激发学生学习兴趣是实现知识掌握率百分百目标的有效措施。

骨干教师通常采用多种教学方法激发、培养学生的学习兴趣，如创设教学情境，活跃课堂气氛；鼓励学生自己动手动脑，激发学生主观能动性；建立正向心理反馈机制，让学生在学习过程中获得满足感；通过开展竞赛、穿插游戏等教学方法增强课堂趣味性等。

骨干教师通过各种方法和措施激发学生兴趣，从而使学生喜欢上课，主动吸取课堂知识，提高知识掌握率。

③优化教学过程。优化教学过程是提升教学效果的关键，是实现知识掌握率百分百教学目标的核心。骨干教师通常采取优化教学目标、教学方法、教学结构等措施优化教学过程。

优化教学目标即把握好教学重难点，明确教学知识点的深浅度，并根据学生具体情况设置多层次目标。教师在确定教学目标后围绕重难点选择合适的教学策略，实现教学环节的优化组合。

优化教学方法即掌握多种教学方法，并根据教学内容、教育目标等选择合适的教学方法，同一节课可以灵活运用不同教学方法，从而达到良好的教学效果。

优化教学结构即使课堂的每个环节合理化、科学化。在这一过程中，教师应把握两个原则，一是保证学生在教学中的主体地位，二是教学内容要符合学生认知发展的基本规律。依据这两个原则不断优化教学结构，才能充分调动学生积极性，提高教学效率。

此外，骨干教师在实际教学过程中还重视引导学生思考，善于帮助学生掌握学习方法、构建知识体系，力求通过自身授课激情引发学生的求知欲望，这些同样在一定程度上优化了教学过程。

④提高学生学习能力。学生学习能力的好坏是影响教学效果的重要因素，骨干教师通常会采取一些措施帮助学生提高学习能力，从而提高知识掌握率。

学习能力包括阅读能力、思维能力、理解能力、注意力、记忆力等。在课堂教学中，骨干教师通常会有意识地锻炼学生的学习能力，如通过提问引导等方式启发学生思维，通过阅读训练等方式提高学生阅读能力，通过多种方式教学帮助学生理解知识，提高学生理解能力等。

4.工作态度

在工作态度方面，骨干教师最显著的特征是对待工作积极进取，不满足于做任务型教师，保持终身学习和创造的信念。创造性教育是教育的本质要求，骨干教师将自身角色定位于创造者，时刻要求自身具备高素质，刻苦钻研，勇于创新，在教学事业中不断开拓进取。

通过长期的艰苦奋斗，骨干教师形成了稳定持久的事业心和责任感，这使其能够不受外界影响，一心一意扑在教育事业上，在取得优秀教学成果的同时积累大量的教学经验，从而成为教学能手。骨干教师在教学中能够旁征博引，驾轻就熟，让学生敬佩，成为同行教师的榜样；骨干教师在生活中为人正直、待人真诚、严于律己、助人为乐、豁达乐观，通过性格魅力感染、吸引学生和同行教师。

此外，骨干教师积极进取的工作态度促使其不断在教学的道路上进行探索学习，如探索备课方式、加强师生交流、探索教学方法、学习教学技能、拓宽知识素养等。骨干教师热爱教育事业，热爱每个学生，他们为教育事业奉献了大量时间、精力，具有强烈的事业心和责任心。

（二）骨干教师的特质

骨干教师的表征是他们的外在表现，这些外在表现源于独特的内在素质，即骨干教师的特质。骨干教师的特质体现在职业动力、个性特征两方面。

1.职业动力

骨干教师具有爱岗敬业、为人师表、兢兢业业等特质，他们不因社会因素、经济因素动摇从教信念，具备稳定而持久的职业动力。骨干教师的职业动力来源于其价值观、事业观、学生观和成就感（图1-3）。

图 1-3 骨干教师职业动力来源

（1）骨干教师的价值观。价值观是人认定事物、分辨是非的一种思维或取向，体现出人、事、物的一定的价值或作用。价值观对人们对自身行为的定向和调节起到非常重要的作用，直接影响一个人的理想、信念、生活目标和追求方向。

骨干教师秉持着奉献自我、培养高素质栋梁之材的人生价值观，他们认为人生的意义在于奉献自己的才华，人生的价值在于培养人才，获取丰硕的教育成果，将自身掌握的知识、技能通过教育媒介传授给下一代。这种价值观为骨干教师带来稳定的职业动力，使其不为外界环境所动摇，勤勤恳恳、任劳任怨地在教师岗位上默默奉献，将自身的人生价值与国家教育事业的发展紧密相连。

此外，骨干教师的价值观赋予他们正直、正义的特质，这使得他们思想纯洁、意志坚定，不畏辛劳地在教育事业中开拓进取。

（2）骨干教师的事业观。骨干教师秉持以传授知识、培养人才为己任的事业观，他们认为自己代表祖国和人类未来、代表人民利益、代表人的未来发展方向，因而投身于教育事业。因高度的责任感，骨干教师自觉要求自身具备雄厚、扎实的教育能力，追求崇高的教育理想，取得丰硕的教育教学成果。

骨干教师的事业观赋予其不断开拓进取的精神和扎实工作、潜心探索的品格，为其提供源源不断的职业动力。

（3）骨干教师的学生观。学生是教学工作的对象，是教育的"客体"。骨干教师秉持"关爱学生、教育学生"的学生观。骨干教师将每个学生看作祖国的未来，认为将学生教育成才是祖国和人民交给他们的光荣使命。

骨干教师的学生观使其在教学工作中奉献爱、感知爱，并在学生爱的反馈中获取智慧和力量，从而更加坚定地走在教育事业前线。

（4）骨干教师的成就感。成就感指一个人做完一件事或做一件事时，为自己所做的事情感到愉快或成功的感觉，其能够产生一种内在推动力，这种力量会激励个体乐意去做并努力完善自身认为有价值、重要的工作。成就感是骨干教师获得稳定职业动力的重要来源。

成就感的获得与成就动机关系密切，成就动机是内在动力，可以激发人的创造力和追求能力，成就动机强的人更容易获得学业、职业成就。骨干教师一般具备较强的成就动机，相较其他教师，他们拥有更强的自信和坚定的追求，并且勇于完成具有一定困难、一定挑战性的工作。这使骨干教师往往能够取得更加出色的工作成就，获得更多成就感，从而具备稳定持久的职业动力。

2.个性特征

良好的个性特征是骨干教师的重要特质，其表现在情感、意志、创造力、知识传授等方面（图1-4）。

图1-4 骨干教师个性特征的体现

（1）情感方面。美好的情感是产生崇高道德行为的基础，其不仅是激发心理活动和行为的动机，也是人际交往交流的重要手段。骨干教师对待教育事业有充沛的热情，无论是对待本职工作还是对待学生，都充满积极正向的感情。

由于对工作充满热情，骨干教师能够将大量精力投入对教学工作的探索和创造中，不断开拓、积极进取，并通过对教学工作的热爱感染学生、引导学生，激发学生的求知欲望。

骨干教师对学生充满爱和关怀，学生也将其当成知心朋友，由"亲其师"到"信其道"，骨干教师通过爱和关怀感染学生，使学生健康成长。

（2）意志方面。骨干教师具有坚定的意志，秉持"许身孺子终不悔，换得桃李满园春"的信念。骨干教师拥有强烈的事业心和责任感，这造就了其坚定的意志，即使生活中遇到再多困难，也不会动摇他们从事教育工作的决心与信念。

骨干教师能够随时保持清醒的头脑，准确把握教育时机，果断坚定地完成自身教育使命。此外，坚定的意志还表现为骨干教师在面对教学工作困难时，不畏困难，勇于挑战，敢于攀登。

（3）创造力方面。教育是一种创造性活动，骨干教师具有优秀的创造力，这种创造力体现在培养学生和教学探索等方面。

学生作为教学对象，具有特殊的个性和特点，因此，培养学生也没有一成不变的规律可循，这需要教师充分发挥创造力，探索对不同学生的培养方式。骨干教师拥有丰富的心理学知识，可以针对学生的个性差异进行差异化教学，在实践中探索最佳沟通方式和培养方法。

在教学过程中，骨干教师具有创造性和开拓性精神，不断探索教学方法和教学模式，用创造的态度和科学的精神设计、实施、评估教学环节，通过创新和实践不断优化教学流程，以达到最理想的教学效果。

（4）知识传授方面。骨干教师将知识直接或间接传授给学生，并通过自身能力和影响力在教学工作方面对同行起到帮带作用，其对学生、同行最大的影响来源于课堂知识的传授，这是骨干教师的教育力量。

骨干教师的教育力量来源于骨干教师的个性。骨干教师具备扎实的教育基本功，这是骨干教师的共性。但不同的骨干教师具备自身的性格特征，如有的教师风趣幽默，有的教师严谨细致，这些是形成骨干教师教育力量的关键。

骨干教师将教育知识与自身个性融为一体，才能形成独特的个人教学风格，并通过自身教育力量和个性对学生发挥积极影响。

第二节　中小学骨干教师的培养目标及途径

中小学骨干教师既指所有在教学工作中发挥骨干力量的教师，也指具有"骨干教师"称号的教师，因此，中小学骨干教师培养有两层含义，其在广义上指培养中小学教师，使其具备骨干教师的能力和素质，并能够在教育教学中发挥骨干作用；狭义上指国家或相关机构对具有骨干教师称号的中小学骨干教师的培养。

骨干教师培养属于教师教育的范畴，教师的教育发展是一个动态的过程，其是教师经过长期的专业化训练，掌握专业化的技能和技巧，逐步提高自身教学素质，逐渐成长为专业教育工作者的成长过程。在中小学骨干教师培养过程中，明确培养目标是培养工作开展的重要前提，了解培养途径有利于培养工作的优化与完善。本节将详细介绍中小学骨干教师的培养目标和培养途径。

一、中小学骨干教师的培养目标

　　中小学骨干教师培养的最终目标是培养优秀教学人才，为我国中小学教育事业发展和社会人才培养奠定坚实的基础，其隶属教师教育，本质上是对教师职业素质和综合素质的提升，因此，中小学骨干教师的培养目标可从人才培养和素质提升两方面进行论述。

　　从人才培养角度来说，中小学骨干教师的培养目标是培养一批掌握先进教学理念和教学方法，具备良好的师德、相对优异的职业素质和综合素质能力，在教育教学工作中能够发挥骨干作用的教师。

　　从素质提升角度来说，骨干教师培养是对教师职业综合素质的培养，以提升教师教学能力、科研能力、道德修养等为主要目标。

　　在中小学骨干教师培养实践中，培养目标可根据实际情况进行分层，如根据不同类型的骨干教师需求、不同类型骨干教师的共性等分层培养，以达到最佳培养效果。

二、中小学骨干教师的培养途径

　　骨干教师培养是帮助教师专业化发展的重要途径，教师专业化发展是一个动态过程，其贯穿于教师职前发展和职后发展的全过程。从广义上来说，骨干教师的培养也应贯穿教师的职前和职后生涯，即职前的基础学习阶段和职后的继续教育阶段（图1-5）。

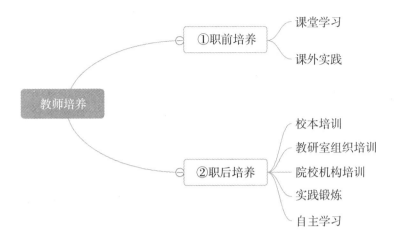

图 1-5 中小学骨干教师培养途径

（一）职前培养途径

我国中小学教师的职前培养多为师范院校教育，其是教师成长的重要阶段，为职后骨干教师的培养奠定基础。在院校教育中，准教师（师范生）的培养途径主要为课堂学习和课外实践。

1. 课堂学习

师范生在高校课堂接受思想熏陶，并掌握相应科目的学科知识、基础教育理论和专业能力。这一时期，院校高度重视对师范生能力的培养，包括基本能力、专业能力和发展能力。

课堂学习内容广泛，包含教育学、心理学、教育史等教育类课程，提升学生的教育能力和教学研究能力；还包括思想政治类课程、文化素质教育课程、音乐课程、体育课程等，提高学生道德修养和综合素质；亦包括相关教学科目类课程，提高学生知识素养和专业教学能力。

在课堂学习中，师范生将掌握一定的教学理论基础，提升知识素养、文化素养、道德素养和教育教学素养，为后续从事教育教学工作提供理论知识素养保障。

2. 课外实践

师范生的课外实践途径多种多样，包括支教、实习、参与培训项目等。

（1）支教。支教指支援落后地区乡镇中小学校教育和教学管理工作，可由学校社团、教师等组织发起，以暑期夏令营等形式开展。学生在假期参加支教活动，不仅可以将所学理论知识运用到实践中，锻炼自身实际教学能力，还能在支教活动中坚定教师这一职业理想，提升自我道德修养。

（2）实习。在经过系统理论教学后，师范院校通常会组织学生进行半年到一年的实习活动，这期间师范生会作为准教师入岗进行教学实践。实习期是师范生适应教师岗位、增强实践技能的阶段。

这一阶段，学生可以将理论与实践相结合，提升教学实践技能，提高教学基本能力，如组织和管理活动能力、语言表达能力、板书能力等。此外，师范生的专业能力也会得到锻炼，并在经验累积和与学生接触中找到正确的教学模式和教学方法。

（3）参与培训项目。近年来，我国教师教育岗前岗后培养一体化逐渐成为流行趋势，国家教育部门为提升教师的实践能力和综合素质，开展了不少相关培训项目，其中包括"卓越教师"项目等。这些培训项目以提升教师职业技能、实践能力和综合素质为主要目标，包括教育见习、实习、研习活动等。

教师可以申请参与项目培训，通过培训课程夯实专业知识，提升自身能力素养，从而获得更强的教学实践能力，成长为一名优秀的中小学教师。

（二）职后培养途径

中小学骨干教师培养的职后培养途径包括校本培训、教研室组织培训、院校机构培训、实践锻炼和自主学习等。

1.校本培训

（1）校本培训的概念。校本培训指在教育行政部门、教师培训机构的规划指导下，以学校为中心开展的促进教师专业发展的计划和活动。校本培训与学校教学工作、教师需求等紧密相连，其是以提高学校教学质量和办学效益、提升教师职业修养为宗旨的教师在职培训形式。

作为教师在岗教育的重要形式，校本培训比较符合我国地域广阔、培训任务重实际情况，成为一种与其他培训形成优势互补的培训方式，是我国中小学教师培养的常见途径。

校本培训虽由学校组织，但并非封闭式培训，其具有较强的开放性和主动性，并注重与校外教育机构的合作。校本培训要切实解决学校和教师面临的问题，因此，需要把握国内外教育改革和发展动态，将先进的教育理念、科学的教育方法传递给教师，并使之转化为教师解决实际问题的自觉行动。此外，校本培训是教师主动发展的需要，教师会在教学实践中强化问题意识，并通过边学习、边实践、边反思的方式提高解决问题的能力。

教师培训作为一种专业培训，需要理论与实践相结合，校本培训将两者有效融合，以研究、解决教学实践问题为出发点，并围绕问题设计培训课程、选择培训形式和内容。

校本培训面向全体教师，教师在培训过程中不断提升自我，在不断进步中成长为学校骨干教学力量。在教师培养实践过程中，校本培训时常面临教师教务繁忙、培训制度不够完善、培训体系性较差等挑战，如何进一步深入推进校本培训、充分发挥校本培训的价值是当前教师培养的研究热点之一。

（2）校本培训课程。校本培训的课程多由学校根据自身情况进行自主开发，其根植于学校现有物质文化环境，充分尊重广大教师以及学校教育环境的独特性和差异性。

校本培训课程贴近学校教育教学实践活动，较为注重多样化的实践性学习，因此，课程表现形式丰富。课程内容可分为职业道德教育、教学理论和方法、教育教学技能、现代教育技术、学科基本理论和教改信息等五大模块。不同学校的课程培训的情况不同，培训内容具有一定差异，规模较大的学校以学校为单位进行培训，规模较小的学校可以教研片为单位开展课程培训。

校本培训课程内容在教师的现实生活和教育教学实践的基础上开发利用，而不是在学科知识的逻辑体系中开发利用，因此，课程构建应充分考虑教师教学的实际情况，否则容易流于形式，无法充分发挥校本培训的作用。校本培训课程紧密围绕教师的专业化发展，其强调教师参与其中并获得实际的体验。教师在参与培训课程的过程中不断学习、不断反思，从而唤醒自我意识，完善良好的品质、态度、情感和价值观，提升自身综合素质、专业水平和教育创新能力。

校本课程的体系构建对教师培养具有重要意义，但由于各学校状况不同，校本培训课程的质量参差不齐，部分学校并没有形成完善的校本培训课程体系。

（3）校本培训形式。在中小学骨干教师培养中，校本培训通常根据骨干教师的能力素质、教师专业发展要求、学校需求等确定培养目标，并围绕具体目标安排培训课程，选择合适的培训形式。校本培训的形式多种多样，如专题讲座、课题研究、案例研究、同伴互助等。

①专题讲座多聚焦于教师与学校需求，由教学经验丰富、教学能力优秀的骨干教师或名师、教育专家学者等进行讲授。专题讲座的内容一般为教育学科的前沿知识、教学改革动向、教学实践热点和难点、教学经验、某方面知识的普及与提高等。

开设专题讲座的具体流程：首先，学校分析和预测教师存在的问题和困惑，广泛征求教师学习需求意见；然后，学校邀请对该领域有研究的专家或经验丰富的校内外人员开设讲座；最后，经过充分沟通后选择适当的时间和地点开设专题讲座。

专题讲座类型的校本培训具有不少优势，例如，可以使教师获得最前沿的教育研究成果；专家的见解不仅能够开阔教师的视野，提高教师教学理论水平，还能够对教师起到鼓励、示范和指导作用；教师集中学习，成本低、花费时间较少、效率较高等。但专题讲座也有一定局限性，如培训效果与主讲者表达能力关系密切，如果主讲者水平一般，教师的学习效果往往不佳。此外，培训者与被培训者的沟通较少，互动性较差，探讨余地小。

②课题研究是近些年新兴的培训方式，对教师的研究能力和理论素养提升效果明显。课题研究类型的校本培训以课题研究为基本载体，由学校在教育专家、教师培训机构的指导下组织本校教师开展，其主要目标是解决学校教育教学实际问题，提高教师教育教学能力和科研能力。

课题研究类型的校本培训的学习目标指向明确，学习内容针对性较强，通常紧紧围绕教育教学的某个问题进行研究探讨，在研究实践中提高教师分析问题和解决问题的能力。在课题研究培训前，先由教师结合具体教学实践发现并提出有研究价值的课题，后通过教师之间或教师与专家间的探讨，提出一套切合实际的解决问题的措施并付诸行动，以达到设想的目标。

课题研究的具体流程：明确研究方向，如通过调查、访谈等多种方式了解教学中存在的普遍问题，并确定具体课题；组织参加培训的教师根据学科、年级分组进行研讨，并确定小组责任人；通过小组探讨确定研究目标、步骤、过程和方法，并以小组为单位进行研究；将研究过程形成书面材料进行交流，深入学习探讨；根据研究成果，改善教学行为，实现研究成果的实践转化。

课题研究具有方向明确、针对性强、充分发挥教师主观能动性、促进教师钻研思考等优势，但其较为依赖教师的合作互动，不仅对教师的研究水平有一定要求，还注重团队合作。如果教师水平参差不齐，并且没有合作共享的意识，很有可能无法达到预期效果。

③案例研究类校本培训指根据既定培训目的，将实践中真实的问题情境加以典型化处理，形成案例，以供教师思考分析和讨论，从而提高教师解决实际问题的能力。

案例研究的关键因素是案例的质量，质量好的教学案例应具有真实性、典型性、浓缩性和启发性等特点，其不仅使人感觉真实可信，还包含丰富的信息，并能够引发教师的讨论、争辩和反思。

案例研究的具体流程：第一步是收集案例，即向教师说明案例研究意义，并征集教师在教学经历中遇到的疑难问题，对问题进行分类、撰写、讨论、修改、筛选后汇总成册；第二步是案例研讨，针对案例提出问题，并进行开放式探究和多角度解读，教师在研讨过程中汇总提出的不同观点，寻找理论支撑并最终归纳对案例问题的基本看法和处理建议；第三步是总结反思，教师通过对案例进行理论升华，实现理论与实践的有机结合。

案例研究一般没有固定的程式和答案，教师可以畅所欲言，共同探讨，其间组织者需要加以引导和把握，保证研讨质量。案例研究与课程培训、实践反思等活动共同开展，可以有效激发教师的创新思维，培养教师创新能力，促进教师的专业化发展。

④同伴互助类型的校本培训指学校教师之间通过交流、互相学习提高教学能力。同伴互助既可以在同校教师之间展开，也可以在不同学校教师之间展开，既可以通过正式组织、正式途径进行交流，也可以通过非正式途径进行交流。

教师同处教学一线，有较多的共同语言，在实践教学中常遇到相似的问题。教师将自身所遇问题提出并与同伴进行探讨，不仅可以交流教学经验，还可以进行思想碰撞，并在讨论中受到启发，从而找到解决问题的方法。

校内的同伴互助可通过日常交流、集体备课活动、教研活动等实现。在集体备课活动中，教师对一些共同问题、特殊问题等进行商讨，如针对教材处理、课程资源整合等问题互相帮助，在交流中互相学习。在教研活动中，教师可以通过问题诊断、听课、评课等形式，对问题进行探讨并寻求解决对策。

校际的同伴互助可通过学校联谊、缔结姊妹学校等形式实现互相交流与合作。不同学校的教师可通过师生、同学、朋友等非正式的联络、聚会等交流教学心得，共享知识信息，从而互帮互助和共同提高。

同伴互助培训方式的优点：有利于教师之间取长补短，实现互助互利；同伴互助可以比较务实地解决实际教学问题，可以直接提升教师解决问题的能力；同伴互助可在日常工作生活中进行，对教师来说负担较轻，成果明显。但这种培训方式也存在一些不足，如培训质量受同伴群体水平制约，培训往往局限于具体问题，无法上升到理论水平等。

2.教研室组织培训

教学研究是骨干教师成长必不可缺的内容，地区教研室组织的教研活动是教师参与教研活动的重要途径。教研室隶属当地教育行政部门，其在教育部门领导下研究教育思想、教学理论、教学内容、教学方法、教学手段和学科教学评价等，为教育行政部门决策提供依据。

教研室承担着教育科学研究、监督指导教育单位、教师教育、教育教学评价等多项职能，根据行政划分可分为省级、地级、县级等级别，大部分教研室是独立建制的单位，部分设置在院校机构中。随着教师教育的不断发展，不少教研室与院校机构进行资源整合，呈现"研训一体化"的发展趋势。

教研室能够深入地区每所学校，是教育部门行政工作和学校教育教学工作的纽带和桥梁。教研室会通过短期进修班、讲座等方式组织培训活动和教研活动，对中小学教师进行培养和指导，帮助中小学教师理解和掌握最新的教育方针政策，深入把握教材，提高教育教学水平。

3.院校机构培训

（1）院校机构培训的内涵。院校机构培训是中小学骨干教师培养的重要途径。中小学骨干教师培养属于教师教育范畴，随着我国教育事业的不断发展，教师教育一体化成为我国教师教育改革的总趋势。教师教育一体化推动了承担教师职前培养职责的师范院校与承担教师职后培训职责的教育学院进行合并，形成一体化的机构，教师可以在院校机构中接受培训，并继续学习发展。

院校机构培训具有系统性和灵活性，其系统性表现为教育培养有完整的进修—学习—考核流程，课程内容也根据不同需求形成一定的体系；其灵活性表现为教育层次多样化，办学形式和学习年限多样化，教学内容和教学方法多样化。院校机构培训需要教师进行阶段性集中学习，是骨干教师培养、教师专业化发展的主要方式，国家教育部门对骨干教师的培养项目多在院校机构中开展。

院校机构教育承担着我国大部分地区中小学教师职后培养的重任。教师的培养离不开培训与教研，长期以来，地方教育管理架构将教研和培训交给地区教研室和院校机构分别负责，这在一定程度上制约了教师的专业发展。目前我国院校机构培训还在不断整合发展中，整体呈现"教研训一体化"的发展趋势，即教学、学科教研与教师培训一体化，共同促进中小学教师的成长发展。

（2）院校机构培训的形式。院校机构培训体系性较强，教师可以在院校机构中接受系统的、科学的培训。院校机构培训形式多种多样，根据培训目标和层次可分为基础性培训、学历补偿、高层次研修；根据培训方法可分为专题讲座、课堂教学、函授教学、网络培训等。

①根据培训目标和层次进行分类：基础性培训包括单科课程进修、短期研讨班和讲习班、骨干教师进修班等；学历补偿包括同等学力申请硕士学位教师进修班、在职攻读硕士学位等；高层次研修包括青年骨干教师国内访问学者项目、青年骨干教师高级研修班、高级研讨班等。

②根据培训方法进行分类：专题讲座是专家学者根据某些教学焦点问题、学科前沿热点开设的培训，是院校机构短期培训较为常见的培训形式；课堂教学是教师进行阶段性、体系性深入研修时常见的培训形式，教师在课堂教学中学习系统性较强的专业知识；函授教学指运用通信方式远距离进行的教育教学活动，以教师自学函授教材为主，面授为辅，教师自学教材并进行集中考核；网络培训包括基于网络视频的"混合式同步课堂"集中培训、基于"教师发展在线"平台的自主性在线培训、基于个性化需求和专题内容的网络直播培训。

（3）院校机构培训的内容。院校机构的培训内容具有系统性，其大致包括学科知识更新、学科教学发展、专业科研能力、教育教学理论方法、教育技术、教学研究、教师思想观念、教师学术规范、教师职业精神等多方面内容。院校机构根据培训具体目标、培训对象等设计培训课程体系和考核体系。

院校机构培训集教研和培训为一体，既包括培训课程，又包括教研研讨。培训课程内容与教师专业发展息息相关，涵盖教师的道德素养、教育教学技能和综合专业素养的提升；教研则充分挖掘教师实际需求，偏重教学问题的解决，二者相辅相成，共同促进中小学教师的专业化发展。

4.实践锻炼

中小学骨干教师的培养为我国教育事业服务，其根本目的在于促进教师专业化发展，推动我国教育事业稳中向好地发展。这些决定了教师培养应立足于教学实践，脱离教学实践的教育培训是纸上谈兵，因此，实践锻炼是教师培养必不可缺的环节。

中小学教师长期处于教学一线，有大量的实践机会，实践锻炼是教师教学能力快速提升的重要途径。教师在教学实践中，可以不断优化思维、深化研究，培养教师实践智慧。

教学实践可分为操作性实践和反思性实践，操作性实践偏工具性和技术性；反思性实践则是教师借助逻辑推理的能力、仔细推敲的判断方式以及反思的态度进行的批判性分析活动。教师的教学实践，应偏向于反思性实践，即不断反思教学活动与教学过程，并总结经验，在经验累积中取得进步。

教师培养是一个融学习、实践、研修和再实践为一体的过程，因此，实践锻炼的重要性不言而喻。反思性实践可以使教师最大效率地抓住实践锻炼的机会，是提升教学能力的关键。

反思性实践通常包括三种基本类型，分别为教学实践活动前的反思、教学实践活动中的反思、教学实践活动后的反思。

教学实践活动前的反思主要体现为教师在备课时对原有经验进行反思，如自己或他人在过去教授内容时所遇到的问题、解决问题的方法和效果以及将来可能遇到的问题，并根据对过去经验的反思重新设计教学方案。

教学实践活动中的反思主要集中在课堂教学的过程中，解决教师在课堂教学活动中出现的问题，如学生在学习重难点时出现意想不到的理解障碍、能力较弱的学生无法按计划时间回答问题的调整方案、师生之间或学生之间出现争议时的处理方法等。教学实践活动中的反思帮助教师提高对课堂教学的驾驭能力和调控能力。

教学实践活动后的反思主要是教师在课后对整个课堂行为过程进行思考性回忆，包括教学观念、教学行为、学生表现、教学效果分析等。如课堂气氛沉闷时的有效调控方式、教学环节中出现的问题、授课过程中出现"亮点"环节的原因等。教学实践活动后的反思帮助教师加深对课堂教学的理解，能够有效提高教师的教学能力。

此外，教师在教学实践中，需要运用正确的方法辅助反思性教学实践的进行，如通过撰写教学反思日记、开展行动研究、录像反思等方式总结教学经验，使教学实践的效果最大化。

教师的成长离不开教师培训和实践锻炼，教师培训将一些理论知识系统地传递给教师，教师在实践中验证这些理论知识，并将理论与实践相融合。在实践锻炼中，教师通过教学活动成果和学生反馈，不断发现问题、解决问题并进行反思总结，一步步提升自身的专业素养和教学能力。经历各种各样的具体情境，教师应对问题的能力不断提高，从而成长为一名优秀的教师。

5.自主学习

教育是创造性事业，其要求教师不断学习、不断进步，保持终身学习的观念。在中小学骨干教师培养中，自主学习是扩充教师知识储备、提高教师综合素养的有效途径。

教师自主学习是一种自觉主动的学习方式，其侧重于强调个体的、内在的专业性提高。在自我发展的意识和动力基础上，教师自觉承担专业学习的主要责任，并通过不断学习、反思和探索，提升自身教学能力和专业素养。

教师的自主学习主要来源于内在驱动力，培养自主学习的习惯首先应树立终身学习、主动学习、高效学习的意识。

教师的职业活动是培养人的教育活动，教育对象、教育内容都处在不断的变化发展中，教师也应顺应时代潮流，不断进步，不断完善自身教学水平。随着终身学习潮流的席卷而来，教师需要具有危机意识，树立终身学习的意识，这是自主学习的动力之一。

主动学习意识是优秀教师与一般教师的重要区别，随着网络时代的到来，信息知识高度自由化，教师不能固守传统的"传道授业解惑"的思维，而应迎接时代挑战，主动学习时代的语言、思维和知识体系。具备主动学习意识是教师自主学习的前提条件。

当代教师的发展提升、学习的需求非常迫切，因此，应树立高效学习的意识。高效学习的意识包括能够结合专业发展要求和教学实践，合理规划学习目标和量化进程；保持积极学习态度，让学习活动充满活力；高效灵活地利用身边的学习资源等。高效学习意识是自主学习进入良性循环的起点，是保障自主学习效率的基础。

在自主学习过程中，教师可以通过自主意识和自身学习需求，主动选择学习内容，进行自主学习和思考，逐步提升自我学习能力。教师自主学习的方法主要包括教学反思、阅读书籍和网络学习。

教学反思是教师自主学习的重要组成部分，教师在对教学工作的反思中总结经验，不断进步。教学反思的方式多种多样，如反思课堂教学过程并形成文字；观看优秀课例视频，并结合自己的课堂教学方式进行对比反思等。

阅读书籍是教师自主学习最为常见的学习方式。教师通过对专业书籍、教育理论书籍、教育心理类书籍的阅读，积累更多专业知识，不断更新教育理念。此外，教师还可以阅读教育类杂志，了解学科前沿动态，开阔思维。

随着信息网络的高速发展，信息化融入教师教学生活的方方面面，网络学习成为教师使用频率较高的自主学习方式。互联网具有丰富的信息资源，教师可以通过浏览教育相关网站、观看网络课程、在线研讨等方式进行自主学习。当教师在日常学习工作中接触到感兴趣的知识，往往会搜索网络资源进行学习。此外，当教师在教学过程中需要运用前沿教学方法或遇到问题时，也可以通过网络自主寻求解决方法。

自主学习可以充分发挥教师的主观能动性，能够精准贴合教师需求，提高教师接收知识信息的有效性，是教师专业化培养必不可缺的手段。

第三节　中小学骨干教师培养方法

百年大计，教育为本。教育大计，教师为本。为推动我国基础教育事业发展，国家教育部门高度重视中小学教师队伍建设，采取了一系列有效方法促进中小学骨干教师的发展。本节将从宏观和微观两个角度对中小学骨干教师的培养方法进行研究，为相关专业人士提供参考和借鉴。

一、宏观角度的中小学骨干教师培养方法

从宏观角度来看，中小学骨干教师培养方法包括完善中小学骨干教师培养制度、搭建各类培养平台、加强教师教育师资力量建设等（图1-6）。

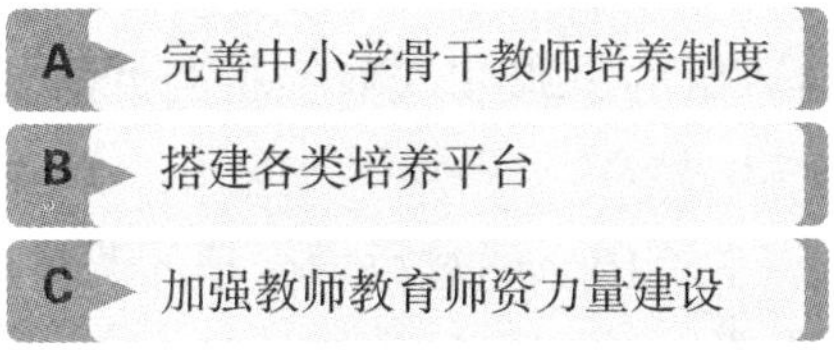

A　完善中小学骨干教师培养制度

B　搭建各类培养平台

C　加强教师教育师资力量建设

图1-6　宏观角度的中小学骨干教师培养方法

（一）完善中小学骨干教师培养制度

经过多年发展，我国中小学骨干教师培养已经形成较为成熟的体系，并在教师培养方面取得了巨大成就。但在实际培养工作中，教师教育仍面临许多挑战，如在资源整合、培训途径、培训体系等方面面临挑战。为保障中小学骨干教师的培养工作取得良好效果，需要使教师培养制度得到进一步完善和健全，具体可以从以下几方面入手：

1.促进职前职后教育一体化发展

自教师教育事业发展伊始，我国逐步建立了职前培养与职后培训相对独立的教师教育体系，这一定程度制约了教师教育质量和基础教育师资的整体水平。20世纪80年代，我国教师教育培养开始进行从独立走向一体的结构性调整。

教师教育一体化理论基础来源于终身教育思想，其含义是"不断造就人，不断扩展其知识和才能以及不断培养其判断能力和行动能力的过程"。在终身教育思想的理念影响下，我国师范教育由原本的"职前教育功能"拓展为职前和职后两种教育功能，这加快了我国教师职前职后教育一体化的进程。

随着教师教育改革的推进，我国教师教育理念、目标趋势、教育体系等发生了根本性转变，其不再是终结性的"师范教育"，而是长足的、发展的、延续的教育理念。

目前我国教师教育仍处于"一体化"改革的进程中，继续推进教师的职前职后教育一体化对我国中小学骨干教师培养具有积极影响，有利于进一步完善我国教师培养制度。

2.加速区域教师教育资源整合

教师教育资源是指为实现教师教育目标所投入的一切显在与潜在的有助于教师专业发展的资源要素的总称。教师教育资源整合包括管理机制的理顺、机构设施的调整、教师队伍的重组和政府支持与经济保障等外部保障机制的建立。

部分地区教师教育资源有限，通过科学合理的调整、协调、重组可以使有限的教育资源实现配置优化，实现整体效益的最大化。

21世纪以来，针对我国教师教育出现的各种问题，一些地区进行了教师教育资源整合，着重调整教师教育机构，并取得了不少成果，如通过整合教师研究与培训中心、教研室、教师职业技能培训基地等组建教师教育学院，有效加强教师教育课程建设的统筹，实现"教、研、训"一体化。此外，整合区域教师教育资源能够有效推进教师职前职后教育课程体系的构建，是教师教育一体化快速推进的重要保障。

区域教师教育资源整合涉及教育行政部门、高校、教师进修学校、中小学等，在资源整合方面具有一定难度，目前我国处于资源整合优化进程中。加速区域教师教育资源整合有利于优化教师培养体系，从而进一步完善我国中小学骨干教师培养制度。

3.实现教师培养精细化

我国幅员辽阔，各地经济文化发展程度具有差异，面对地区差异，统一设置课程和确定教师培养目标无疑是不现实的。此外，我国教育事业发展需要不同类型的教师，如研究型骨干教师、专家型骨干教师、学科优秀教师、优秀班主任等，实现精细化、层次化管理培养是优化教师队伍结构的重要前提。

教师的专业化发展是一个动态的过程，不同阶段、不同学科、不同层级的教师需求具有差异，教师培养应重视这种差异，并根据不同学科、不同层级、不同阶段的教师特点进行分层教学，以达到良好的培养效果。

教师培养精细化是中小学骨干教师培养走向专业化的必经之路，是我国教师培养制度的发展方向。

4.多种培养途径有效联结

我国教师培养具有多种培养途径，如校本培训、基地培养、项目培养、院校培训等。目前我国教师的职前培养和职后培训多处于脱节状态，且职后培养教师的教研与培训环节相对封闭独立，各类培训处于单打独斗的状态，这不仅使教师的理论学习和实践无法有效结合，还无法发挥各类培养途径的最大功效。因此，在我国中小学骨干教师培养制度完善的进程中，应将多种培养途径有效联结，使其发挥出"1＋1＞2"的作用。如将校本培训和院校培训两者进行互动衔接，形成有效的运转模式，将各类培养途径联结成培养网络，最大程度地发挥各类培训的培养作用。

（二）搭建各类培养平台

培养平台是人才培养所需的环境或条件，构建教师培养平台是我国中小学骨干教师培养的必要条件。目前我国教师培养平台趋于多元化，进一步加强教师培养平台的建设，有利于推动我国中小学教师的培养进程。中小学教师培养平台大体可分为学习平台、交流平台和展示平台三种类型。

1.学习平台

促进中小学教师素质和能力的提升，需要加强学习平台的建设，并通过学习平台培养教师的师德师风、专业能力和综合素质。加强学习平台建设应从两方面入手，其一是拓宽学习平台的种类，为教师提供更多的成长空间；其二是完善已有平台的机制，实现学习平台的高效运作。

学习平台种类的拓展需要高等院校、中小学和教育部门共同协作，推动更多教师培养项目的开展，构建网络学习平台。

目前我国教师成长的学习平台多种多样，包含名师基地、职业院校、国家项目、校本培训教研等。加强已有学习平台的建设可以从完善选拔机制、课程机制、评价机制等方面入手，使各类平台能够发挥最大作用，促进中小学教师的专业化发展。

2.交流平台

当前中小学骨干教师培养应加强交流平台的建设，以促进教师与教师之间进一步相互学习和相互交流。教师可以在交流学习中提高自身教学能力、教研能力和业务水平。

在中小学教师培养中，中小学可以搭建教师交流平台，如选择同学科经验丰富的教师进行一对一结对帮扶；组织集体备课、集体教研等。

一个学校的教师资源是有限的，因此，教师交流平台不应局限于校内，还可以搭建区域教师交流平台，如学校与学校之间相互联谊、中小学与师范院校相互交流合作等。此外，为降低交流成本，实现远距离交流沟通，相关部门可以搭建不同层级的网络教师交流平台，以供教师交流教学问题、研讨教育学术理论等。

3.展示平台

教师培养的落脚点在于实践，其目标之一是提高教师的专业实践能力，因此，应加强教师展示平台的建设，为教师提供更多锻炼机会，让教师在实践中总结经验，不断丰富自我实践知识。中小学教师展示平台的建设可以由中小学、教师培养基地、教育部门等共同推进。

中小学可以根据实际情况定期组织教师进行汇报展示，通过讲课、听课、评课的形式，引导教师进行反思，总结自身不足和优点。教师培养基地、教育部门可以组织说课大赛、基本功比赛、课件制作比赛、教学设计比赛等，鼓励教师参与展示，并逐步建立长效机制，通过以赛促学、以赛促教等方式，激励更多教师在其中脱颖而出。

此外，相关部门可以根据骨干教师的教学研究设立论坛，通过展示教师教学成果达到推动教学科研进程、提升中小学教师研究积极性的目标。

（三）加强教师教育师资力量建设

我国教师教育处于高速发展阶段，面临地区差异、师资力量不足等挑战，应加强教师教育师资力量建设，采取合理科学的措施，建立优秀教师团队。

教师教育师资力量建设具体可以从加大培训力度、拓宽师资途径、优化评价机制等几方面入手：

1.加强培训力度

相关教育部门应充分坚持"师资兴校"的发展战略，在尊重知识、尊重人才的理念下提高对师资队伍建设的重视程度，扩大和提高培训广度与深度，加强培训力度。首先应全方位提高师资队伍的业务能力，加强教育理论培训，促进教师树立"以人为本""以学生发展为本"的教育观念，帮助教师树立正确的教育观、教学观、人才观、质量观。其次应注重将教师教育师资建设与学科发展需求紧密结合，推动师资队伍建设和研究型团队建设同步进行。此外，还应开展各类教研活动，全面提高教师职业素养，提升教师教育师资队伍的专业性。

2.拓宽师资途径

建设教师教育师资力量应拓宽师资队伍的来源途径，在加大在岗培养力度的基础上，选拔吸收更多优秀教育人才。拓宽师资途径首先应完善选拔制度，对人才引进严格把关，在同等条件下，优先选拔和重点招聘理论基础扎实、具有广阔知识视野并拥有较高学历的人员。其次，应拓宽人才引进渠道，一方面鼓励优秀中小学教师参与教师教育类课程的学习，另一方面加大国际交流力度，面向海内外招揽人才。此外，在拓宽师资途径、积极引进人才的同时应注意控制人才引进数量，提升人才质量，组建结构合理的师资队伍。

3.优化评价机制

健全的评价机制是教师教育师资队伍建设顺利运行的重要保障，因此，应建立切实可行的师资绩效评价体系，优化现有评价机制，推动教师教育师资力量的建设。

优秀的评价机制应依据教育规律和教师实绩科学地评价人才、激励人才，其更为注重教师的潜能开发，既能平衡教学与科研的关系，也能突出教师的创新精神和团队精神。优化评价机制是建立结构合理、业务优秀、团结协作、乐于奉献的教师教育师资队伍的关键手段。

二、微观角度的中小学骨干教师培养方法

从微观角度来看，中小学骨干教师培养方法包括听课评课法、"导师制"培训法、远程培训法等（图1-7）。

听课评课法

"导师制"培训法

远程培训法

图1-7 微观角度的中小学骨干教师培养方法

（一）听课评课法

听课评课法是教师快速成长的重要方法，也是教学日常中最常见的中小学教师培养方法。

1.听课法

听课指教师带着一定目的，凭借听觉、视觉等感官并运用一定辅助工具如记录本、录音录像设备等，直接或间接从课堂情境中获取相关信息资料，从感性到理性的教育教学方法。

在教师培养过程中，积极组织开展听课活动有利于教师获取更加宽广的教

学视野，并将直观感受转化为教学方法与教学经验。听课活动可以分为学习取经型、帮助指导型、考察考核型等多种类型。

在学习取经型听课活动中，教师通过观摩优秀教师的课堂教学过程，学习优秀教师的教学方法、教学理念和教学模式，从而达到提高自身教学能力的目的。

在帮助指导型听课活动中，教师在开课前向经验丰富的教师学习教学经验，并进行科学备课，然后通过公开课堂让其他教师听课并帮助讲课教师发现存在的问题。教师在此类型听课活动中能迅速发现自身不足，并加以改进，从而提升自身教学水平。

在考察考核型听课活动中，一般是校领导或培训教师考察考核授课教师的教学水平，并进行评估，通常出现在绩效考核或阶段性教师培训结束后。此类型听课活动能够帮助教师客观认识自身在某一阶段中的教学能力，从而确定进步发展的方向。

在教师培养过程中，积极组织开展听课活动有利于教师了解自身教学水平，并将直观感受转化为教学方法与教学经验，对教师的专业化发展具有积极意义。

2.评课法

评课是根据课堂教育目标，对教师、学生在课堂教学中的活动进行价值判断的教研活动。在评课活动中，教师既会收到其他教师的批评建议，也会向其他教师反馈信息建议。

评课建议可以反映课程进行过程中存在的问题，教师在日常工作中通过评课建议不断总结教学经验、形成教学风格，提升自身教学水平。此外，教师还可以通过评价其他教师的课程，总结授课者的教学经验和教学个性，在帮助其他教师的同时提升自身对课堂的理解和掌控能力。

（二）"导师制"培训法

"导师制"培训法是教学知识、教学技能和教学经验相对丰富的指导者（导师）与具备较少教学经验和知识的被指导者（教师）通过一定时期内持续的交流和辅导，促进被指导教师的专业发展的培训方法。

在中小学教师培养工作中，"导师制"培训法选取进修学校教研员、特级教师、学科带头人、教科院教授的等组建导师队伍，对参加培训的教师从职业道德、教育理论、专业知识、教学实践、教改科研等方面进行考核和指导。导师走入教师中间，进行听课、评议，谈论教改方向等，言传身教地指导教师授课思路，使教师在近距离领略名师风采的同时获得成长。

"导师制"培训法包含导师引导、学员自我学习和反思、同伴切磋与合作等，其专业引领更具有针对性，教师学习的目的性更强，同伴合作关系更为密切。

在"导师制"培训法中，导师与被培训者的关系是双边的、互补的、相互的，其与师徒关系类似，但又不同于传统的师徒关系。除教学技巧外，导师传授给被培训者的多为看问题的角度和解决问题的方法，被培训者在导师的引导下逐渐找到个人教学风格，实现专业化发展。

（三）远程培训法

远程培训是以互联网通信系统为基础，通过音频、视频等方式，利用多媒体技术和远程视频传输技术，实现"一对单"或"一对多"的面对面多媒体交流的培训形式。培训过程不受时空和地域的限制，为教师提供完整的、系统的、连续的培训内容。

远程培训法是提高在职教师整体素质、促进教师专业化发展的有效方法。我国中小学教师远程培训主要利用网络开展，通过课程讲授、远程教研等对教师进行培训，其发挥网络资源共享、不受时空限制的优势，使在职教师能够得到优质的培训。

远程培训可以用于对乡村中小学骨干教师的培训，其作为线下研修的补充，能够有效提升教师教育教学能力，促进城乡教育均衡发展，使教师队伍走向高素质化、专业化。

第二章　中小学骨干教师胜任力分析

胜任力研究是管理学、心理学、教育学领域重要研究内容，其初始目的是帮助心理学专家实现对人性的探索，随着管理学理论的发展，胜任力相关理论在人才培养、人才管理等方面大放异彩，后渗透于教育学理论，常用于对教师的职业综合素质研究。

为提高骨干教师培养效率，我们需要明确骨干教师需要具备哪些优秀的职业综合素质，为针对性地提升教师综合素质做好前提保障。教师整体素质的提升依赖于教师的教育培养，对骨干教师胜任力进行分析对推动教育培养工作具有重要意义。本章将通过对胜任力相关理论、骨干教师胜任力构成因素、培养骨干教师胜任力的意义等三方面进行论述，为骨干教师的培养提供理论依据。

第一节　胜任力相关理论综述

胜任力是职业发展的产物，这一概念最早由戴维·麦克利兰于1973年提出。戴维·麦克利兰认为传统的智力测验和人格测验无法预测候选者能否在工作中取得成功，因此应研究影响工作绩效的因素，也就是"胜任力"。基于职业发展角度，骨干教师作为教师群体的业绩优秀者，也具备特殊的能力特征，这属于教师胜任力的范畴。本节将从胜任力理论、教师胜任力理论两方面对胜任力进行研究。

一、胜任力理论

胜任力理论包含胜任力概念、胜任力结构模型、胜任力相关概念等。

（一）胜任力概念

自 20 世纪 70 年代"胜任力"这一概念诞生后，许多学者对其进行研究，并提出了不同的定义，大致可分为两种观点：第一种观点为胜任力是潜在的、持久的个人特征；第二种观点为胜任力是个体的相关行为的类别。

第一种观点是基于人的特征研究人的胜任力，其强调胜任力是个体的潜在特征，并与工作情境中的效标参照、相关绩效等存在某种因果关系。"潜在特征"是人的个性中的深层次部分，其能够显示人的行为模式和思维方式，通过对人"潜在特征"进行研究预测工作行为。"效标参照"指胜任力能够预测表现优异者和表现平平者，就像按照特定标准测量一样。"某种因果关系"指胜任力是绩效产生的根本原因，能够预测工作行为、工作绩效。

第二种观点是基于人的行为特征研究人的胜任力，其将胜任力与特质、动机等分开，并将胜任力行为看作特定情境下对知识技能、动机、态度的具体运用。这种观点虽然使人们对胜任力有了较为准确的理解和统一认知，但也在一定程度上造成人们对胜任力与行为绩效内涵的混淆。绩效是行为的同义词，其指"能够观察到的人们的实际工作行为表现"。通常使用的许多胜任力既不具体，也不能被观察到，其更偏向于非行为本质，不能被归类为行为。因此，我们虽然能从行为表现中识别胜任力，但胜任力并不是行为。

基于以上内容，我们将胜任力定义为"能将在某职位中表现优异者和表现平平者区别开来的个体潜在的、较为持久的行为特征"，这些特征包括认知特征、意志特征、态度特征、情感特征、动力特征、倾向性特征等。胜任力是在特定岗位、组织环境和文化氛围中胜任某工作岗位者所具备的任何可以客观度量的个体特征，其是针对具体的工作和岗位而言的，强调个体能力对某工作岗位足以胜任或非常合格的状态和性质。

（二）胜任力结构模型

胜任力结构是个体胜任某项工作任务的胜任力要素组合，最为常见的胜任力结构模型包括冰山模型、洋葱模型、梯形模型、金字塔模型等。

1.冰山模型

冰山模型（图2-1）将人的胜任力结构比作冰山，水上部分是表层特征，包括知识技能等容易被感知的特征；水下部分是深层胜任力，包含自我认知、价值观、动机、品格特质等。这些胜任力可以划分为六个层次，即知识、技能、社会角色、自我认知、个性品质、动机。其中知识和技能是可见的胜任力，其无法完全决定人们能否有卓越的表现；社会角色、自我认知、个性品质和动机是内在隐藏的胜任力，其决定人们的行为表现。

冰山模型的水上部分通常被称为基准性胜任力，较为容易了解和测量，可以通过培训改变和发展。基准性胜任力分为知识层面和技能层面，知识层面包括基础性知识、专业性知识、管理知识、获取知识、运用知识等；技能层面包括职位所需的、共性的、具有行为色彩的活动特征。

冰山模型的水下部分通常被称为核心性胜任力，其是人员内在、难以测量的部分，不太容易通过外界的影响而改变。核心性胜任力对人员的行为与表现起关键作用，是区分表现优异者和表现平平者的关键因素。

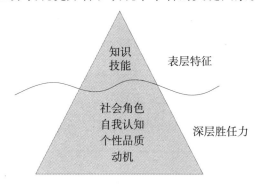

图2-1 胜任力冰山模型

2.洋葱模型

洋葱模型（图2-2）在描述胜任力时，将胜任力分为核心层、中间层和最外层三个层次，其由外层到内层，由内层到里层，层层包裹。洋葱模型的核心层是个性与动机，中间层包括价值观、态度和自我形象，最外层是知识和技能。越外层的胜任力越容易培养和评价，越内层的胜任力越难以培养和评价。相对于冰山模型，洋葱模型更突出潜在素质和显现素质的层次关系。

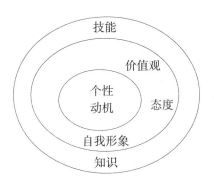

图 2-2　胜任力洋葱模型

3.梯形模型

梯形模型（图 2-3）在描述胜任力时，将胜任力按照梯形分为四个层次。其根据胜任力对个体行为的稳定性影响将胜利力分为行为层、知识—技能—态度层、思考方式—思维定式层、自我意识—内驱力—社会动机层。其中"行为层"是个体在肩负具体岗位职责所体现出的工作绩效，而"知识—技能—态度层""思考方式—思维定式层""自我意识—内驱力—社会动机层"等共同影响绩效行为。梯形模型层数越靠下，对个体行为的决定性作用越稳定。

图 2-3　胜任力梯形模型

4.金字塔模型

金字塔模型（图 2-4）的提出者安托尼特·D.露西亚和理查兹·莱普辛格认为，胜任力模型应包含天生的能力和后天获得的能力，因此，金字塔模型以天赋为基础，中间部分是通过后天学习、努力所获得的知识与技能，最顶端是所有内在和后天获得能力的外在行为表现。

金字塔模型的三个层次中，最底层的天赋包含动机、才智和性格特征，中间层包含知识、技能，最顶层是具体行为。

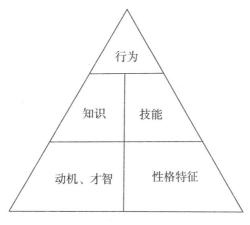

图 2-4 胜任力金字塔模型

（三）胜任力相关概念

在胜任力研究领域，存在许多胜任力相关概念，了解并区分这些概念有利于更好地理解胜任力内涵，具体包括非智力因素、素质、能力、成功智力、情感智商等。

1. 非智力因素

非智力因素指不属于传统智力测验的内容，如自我激励、坚持性、领导力、独立性等，这些因素对个体性有不同程度的影响。非智力因素与胜任力有一定重叠之处，都包含动机、情感及自我概念等，但胜任力更具情境性和针对性，指具体胜任某种工作岗位必需的因素。

非智力因素包含许多一般人认为必备的内容，但如果其与特定的工作岗位业绩无关，则不属于胜任力的范畴。

2. 素质

素质的定义多种多样，并且有狭义和广义之分。狭义的素质指生理学、心理学意义的素质，即"遗传素质"；广义的素质是教育学意义的素质，指人在先天生理基础上，通过后天环境影响和教育训练所获得的身心特征和基本品质，又被称为素养。

素质包括人内在的生理特征和心理品质，其以人的自然属性为基础，可以通过人的行为体现出来。个体素质的差异与个体生理、心理成熟水平息息相关，因此，在理解"素质"这一概念时，应以人的身心组织结构和质量水平为前提。

人的素质在遗传因素与环境教育共同影响下发展而来，一旦形成就会具有相对稳定的特征。胜任力研究角度下的素质多指广义的素质，主要包括人的能力、资质、才干等，其是驱动员工产生优秀工作绩效的个性特征集合。素质是判断一个人能否胜任某项工作的起点，是决定并区别绩效差异的个人特征。

心理素质以生理素质为基础，是在实践活动中通过主体与客体的相互作用，逐步发展和形成的心理潜能、能量、特点、品质和行为的综合，其包括情感、意志品质、认识能力、气质、性格等个性品质的诸方面。

心理素质是在先天素质的基础上，经过后天环境和教育的影响逐步形成的，其具有人类素质的一般特点，也具有一定特殊性。心理是人的生理结构，是大脑结构的特殊机能对客观事实的反映。人的心理素质对人认知世界、改造世界的活动相当重要。

3.能力

能力是人在生理、心理素质基础上，经后天培养、教育和努力，在实践过程中逐渐形成的认识世界和改造世界的才能、本领和技能。其一方面指能够做某种事的客观现实，即能做某事；另一方面指潜在的能够转变为有价值状态的功能和能力，即可胜任某事。

能力与活动联系紧密，其是个体认识世界、改造世界的必要不充分条件。除能力外，个体的知识经验、情感动机、健康状况等也是顺利完成活动的必要条件。一个人具有某些突出能力并能够将多种能力结合，并出色完成任务，我们会说其有某方面的才能，才能是多种能力的有机结合。

能力与知识、技能有一定差异，三者都有一定概括性，但具体概括的内容不同。能力是对调节行动和活动的相应心理过程的概括；知识是对客观事实的反映，是对相对经验的概括；技能是由于练习而得到巩固的行为方式，其是对相应行为方式的概括。能力与知识技能虽有差异，但也相互作用，可以相互转化。能力制约和影响着人对知识技能的掌握，掌握知识的过程推动了能力的提升。如能力的高低影响掌握知识、技能的快慢、深浅等；人对知识的掌握和理解有助于技能的形成，知识的掌握和技能的形成推动和促进能力的发展。

此外，能力与素质息息相关。能力是素质的综合体现，其根植于人的心理素质，依托于人的生理素质，在具体内容上形成一种超越心理、生理素质的独立素质系统。可以说，素质是能力体现的基础。

能力的概念较为宽泛，可以根据能力角度、内容、基本性能、作用等不同视角分类。

根据基本型能力看，能力可以分为一般能力和特殊能力。一般能力是指人在不同种类活动或认知过程中表现出的共同能力，如基本表达能力、读写能力、观察能力、思维能力、记忆能力等，是行为主体必备能力，其也被称为通用能力。特殊能力指在某种特殊专业活动中表现出的能力，如文学能力、艺术能力、数学能力、管理能力等。特殊能力是某些专业、特殊职业活动中表现出的一般能力在某些特殊方面的独特发展，在某项工作中，其主要指职业能力，如执教能力。职业能力是在通用能力基础上构成专才的支柱，是胜任力的基础，其仅限定了从事某一特定行业或岗位工作的基本能力要求，并不能体现不同工作者是否适合该岗位以及区分工作绩效。

根据管理实践角度来看，能力可以分为显能力、潜能力和胜任力。显能力是指实践绩效或成就表现出的能力；潜能力是潜在能力素质；胜任力是指能区分有能力者或胜任者的特征或多种能力的有效综合。

4.成功智力

"成功智力"的概念首次出现在罗伯特·斯腾伯格的《成功智力》一书中，其指"用以达成人生主要目标的智力"。成功智力能够导致个体以目标为导向采取相应行动，对现实生活起到至关重要的作用，其包括分析性智力、创造性智力、实践性智力三方面。

分析性智力用来解决问题、判定思维质量，其与学习成就相关性最大；创造性智力用来提出好问题、产生好想法；实践性智力用来将思想与分析结果以行之有效的方式来实施。

分析性智力、创造性智力、实践性智力的综合智力决定个体能否取得成功。成功智力与胜任力概念互有重叠，但胜任力相较成功智力更具针对性和情境性，其探讨个体是否胜任某一岗位，成功智力则更宽泛，没有职业划分而泛指一切促使个体达到理想目标的原因。

5.情感智商

情感智商是用于描述对成功至关重要的情绪特征，其包括五个部分：自我知觉、管理自我的情绪、自我激励、移情、处理人际关系。

情感智商与胜任力互有重叠，如胜任力包含部分与工作胜任相关的情绪特征，但并非所有情感智商都与胜任力情绪特征一一对应；胜任力涉及的情感特征仅针对某一职位，情感智商则指对成功至关重要的所有情感特征。

二、教师胜任力理论

自"胜任力"概念提出后，胜任力的相关研究在管理领域取得了相当的研究成果，其在教师教育领域的相关研究也逐渐开展。笔者将从国外教师胜任力研究和国内教师胜任力研究两个方向介绍教师胜任力相关理论。

（一）国外教师胜任力研究

国外教师胜任力研究多围绕不同教师教育模式展开，并根据不同的教师教育模式衍生出不同的教师胜任力模型。

1.教师教育模式与胜任力模型

教师教育模式中最有影响的是能力本位教师教育和以人为本教师教育。

（1）能力本位教师教育模式与胜任力模型。"能力本位教师教育"（CBTE）于1967年在美国广为流行，这种模式强调未来教师"能做什么""应做什么"以及"应具备什么能力"，其与传统教师注重未来教师"应该知道什么"的培养方式大不相同，后一度成为教师教育的主流模式。

能力本位教师教育模式预先设计内容和标准，师范生接受这种教育，就会习得并发展出从事教育活动工作的知识、能力和态度。其以社会为导向，为适应未来的教育工作而培养学生，强调胜任能力的迁移，重视培养学生必备的知识、技能和态度，目标是培养学生的胜任能力，帮助人们处理新问题或不熟悉情境中的问题，从而胜任未来所从事的教师工作或活动。

能力本位教育是培养学生达到"预定能力"的一种有效的教师教育模式，其对师范教育的首要影响就是对教师能力标准的确立。它要求实施能力师范教育时，必须将优秀教师的条件和应有的表现具体化为可行的行为目标。

受行为主义、绩效运动、效标参照等思想影响，胜任力的行为学研究和培训方法在美国教育领域得到广泛应用，胜任特征评测运动也迅速展开。当时美国佛罗里达州开展的一项教师能力研究，提出了教师的1276项能力表现，具体包括教学设计能力、教学演示能力、沟通能力、发展个人技巧能力、行政职责能力、测评学生行为能力、使学生自我发展能力等。后相关研究者通过任务分析和征集教育委员会、在校师生的意见等方式让教员们列出16项胜任特征的陈述，并用于帮助设计能力本位教师教育项目。

（2）以人为本教师教育模式与胜任力模型。以人为本教师教育（HBTE）起源于人本主义心理学理论，其相较能力本位教师教育来说更关注教师个体本身，强调教师个体的独立性和尊严。这种教育模式保留人本主义"个人成长"这一中心观点，考虑的是"作为教师我是谁？我拥有什么样的品质？"等问题。以人为本教师教育最开始并未得到广泛支持，但其将人们的注意力聚焦到教师本身，对教师教育的后续发展相当重要。

20世纪80年代，由于心理学认知倾向影响，研究者对基于能力的教师教育研究发展方向逐渐发生转变，对教师行为的研究更体现出行为主义的倾向。与先前能力本位教师教育不同，此时的研究者更关注教师的信念，因为其认为教师秉持的"教"与"学"的信念决定其工作行动。这一时期教师教育对科学知识的迁移关注越来越少，更关注个人实践知识、教师形象、认知和行为等。此后二十年，教师教育研究方向也由最初强调的外部行为逐渐转为强调教师内在属性，后又集中在教师本身、职业身份以及教师角色转换等方向。

21世纪初，"积极心理学"日趋发展，人们越来越重视培养个体积极的特质，如创造性、信任、善良、公平、灵活、灵敏、决断力等卓越的核心品质。这与能力本位的教师教育相关，但追根溯源仍是以人为本的教师教育。能力更多从外部获得，但"核心品质"或"品格力量"则是深层次变化，是潜在的本质，从某种意义上来说，其不能再进一步简化为其他成分。要发展有效的教师行为，教师不仅要从认知上意识到这种核心品质，从情绪上接受这种核心品质，还要从行动上运用这些品质实施决策行为。受"积极心理学"影响，以人为本教师教育及相关胜任力研究将得到进一步发展。

2.国外教师胜任力模型

在胜任力研究中，人们经常争论如何在技能、素质、个人效能、知识和理解之间取得平衡，因此，出现了两种模型倾向，一种是"基本主义"学派推崇的"技能为本"胜任力模式，一种是自由学派推崇的"素质为本"胜任力模式。前者强调技能和表现的重要性，认为个人效能、知识和对事物的了解可通过"表现"清楚地显现出来；后者强调创造力、解决问题的技巧和良好判断力等"素质"，认为这些素质在高层管理、学校管理中起到关键作用。这两种倾向的胜任力模型理论基础分别对应行为主义理论和人本主义理论，可以视为CBTE和HBTE的相应产物。

在这两种胜任力模型中，以"技能"为本的胜任力模型研究，"技能"只是"表现"的一部分，还需要考虑人际关系、动机、身心状况等，在胜任力研究中，这些属于"个人效能"范畴。以"素质"为本的胜任力模型充分地考虑个人和社会心理因素，以及行动背后隐含的价值观，并能从整合的角度考虑各个胜任特征表现。这两种模型虽各有侧重，但都并未否定知识和理解层面的作用，其与传统教师评估的不同在于评估重点差异，相对于传统教师评估侧重的"你知道什么"，其评估更侧重"你能够做什么"。

这两种倾向的模型在教育胜任力研究领域最为常见，并被广泛应用于英、美、澳大利亚等国家。

英国南部着重技能和行为模型；英国国家教育评估中心（NEAC）模型比较注重素质，"教育价值观"被视为教师胜任力的重要元素。

美国大量运用"高绩效教师模型"，提出高校教师的5种胜任特征群，包括专业化（挑战与支持、信心、创造信任感、尊敬他人）、领导（灵活性、拥有负责任的朋友、管理学生、学习热情）、思维（分析性、概念性）、计划和设定期望（向上动力、信息搜寻、主动性）、与他人关系（影响力、团队精神、理解他人）5种。

澳大利亚教学委员会根据教师胜任力标准实施的全国教师质量项目中，设计了新的教师胜任力框架，包括使用和发展专业知识价值、同学生和他人的沟通互动工作、计划和管理教学过程、监控评估学生进步和学习成果、对连续新进步进行反思评估和计划等五个方面。澳大利亚维多利亚独立学校协会（AISV）的一项调查指出，教师胜任力是多因素模型结构，由沟通能力、计划组织能力、工作标准、人际关系建立、以学习者为中心等15个因素组成，并对促成成功教学行为有至关重要的作用。

由上述内容可以看出，英国和美国教育领域胜任力模型更强调胜任力的工具性、功能性，因此，胜任力被分解为多个小技能或更小技能；澳大利亚教育领域的胜任力模型则更注重整体性和普遍性，强调运用多种复杂方式由学习者自己构建知识。

国外学者对教师胜任力的研究重心多为分析教师素质、总结教师所具备的心理素质或调查教育行业从业人员应具备的素质结构或构建基本心理品质的结构模型等。

（二）国内教师胜任力研究

教师胜任力相关研究在我国起步较晚，且教师胜任力的研究主要集中于优秀教师的品质特性和班主任、高校教师的胜任力模型研究。笔者将从教师胜任力内涵、教师胜任力模型构建等两方面对国内教师胜任力研究现状进行阐述。

1.教师胜任力内涵

自"教师胜任力"这一概念传入我国，不少研究学者对其内涵进行了探究和思考。

徐智华等人认为高校教师胜任力是指能将高校教师岗位上有卓越成就者和表现平平者区分开的个人潜在的、深层次特征，其包括动机、特质、自我形象、态度和价值观、某领域的知识、认知或行为技能等任何可以被可靠测量并且能显著区分优秀与一般绩效的个体特征。[1]

郑洁认为，教师胜任力是教师为成功实现专业发展目标所需要具备的一种专业知识、技能、价值观以及人格特征的综合能力，属于教师个性特征的范畴，是教师胜任岗位工作所必需的条件，具体表现在"具备宽广、扎实的基础理论，系统、精神的学科专业知识，熟练、灵活的教育教学能力，独立、创新的科学研究能力，高尚的职业道德及价值观、健康的人格特质"等方面。[2]

杨明认为，以胜任力概念为基础，高校教师胜任力可以理解为教师在培育人才过程所具有的知识、技能、能力、特质等要素与人才培养目标之间的匹配程度，二者之间越匹配，教师的胜任力越高，反之则越低。[3]

王亚萍认为，教师胜任力是教师从事教育教学工作的必要条件，其包含的核心内容是专业知识、专业技能和所持价值观，其对教师的实践活动和教学成绩将产生直接影响；教师胜任力是属于教师个体的素质与特征，并在一定的环

① 徐智华：《高校教师胜任力模型研究述评》，《现代教育科学》2012 年第 5 期。

② 郑洁：《胜任力视角中的高校教师资格认定》，《教育评论》2013 年第 5 期。

③ 杨明：《创新型人才培养下的高校教师胜任力关键影响因素分析》，《中国成人教育》2017 年第 4 期。

境下表现出来。①

杨炳君等人认为，教师胜任力比较突出的两个重要特征有两个，一是与人员绩效相关；二是胜任力水平会因教师工作环境条件和具体岗位特点而有差异。②

研究者关于教师胜任力内涵的具体表述有一定差异，但核心内容大致相同，即教师胜任力关系到教师是否能够履行为国育才的职责，其包含专业知识、专业能力、专业价值观、个人特质等特征，且这些特征可以被量化。

教师胜任力随着教师的成长不断提高，其与教师的专业化成长息息相关，对教师胜任力进行研究既可以推动教师专业化发展，也可以为教师培养提供理论依据。

2.教师胜任力模型

随着教师胜任力概念相关研究的深入开展，我国学者对教师胜任力模型也做出了更多探索。教师胜任力模型的构建多基于学校教师人力资源管理角度，构建教师胜任力内容体系，便于对教师进行考核、甄选及培训。

严尧运用四维实践访谈法、问卷调查法等构建高校教师胜任模型，认为高校教师胜任力包含4个维度，19项指标，即知识（学科基础知识、学科前沿发展知识、教育理论知识）；教学技能（教学设计、课堂教学、作业批改、课外辅导、教学评价、教学研究）；职业态度（热爱教学、治学严谨、诚实正直、尊重他人）；动机（自信、目标明确、社会责任感、团队合作能力、创新能力、奉献精神）。③

李小娟采用行为实践访谈法、问卷调查法等构建高校教师胜任力模型，并提出个人魅力、学生导向、教学水平、与时俱进等4个维度，共包含32项不同指标。④

王亚萍采取大数据技术手段构建教师胜任力评价体系，评价体系共分为个体维度、任务维度和战略维度三大维度，并设置了任职资格、专业知识、专业技能、业务绩效、工作态度、健康水平等六大内容作为一级指标。后根据一级

① 王亚萍：《大数据视角下高校教师岗位胜任力的评价体系构建》，《中国高等教育》2018年第18期。

② 杨炳君、郭雅娇：《高校教师胜任力模型构建研究》，《中国高等教育评估》2018年第2期。

③ 严尧：《高校教师胜任力模型的构建与初探》，《价值工程》2013年第5期。

④ 李小娟、胡珂华：《基于行为事件法的高校教师胜任力研究》，《湖南师范大学教育科学学报》2017年第5期。

指标细化二级指标、三级指标，从而详细地归纳分析教师胜任力。①

杨炳君等借鉴前人研究成果和理论，以胜任力模型在高校人力资源管理中的应用价值为核心，构建包含知识水平类、教师技能类、个人特质类等三个维度共 26 项胜任特征的高校教师胜任力模型。②

王刘华等通过对比优秀教师与普通教师胜任力出现频次，得到存在显著差异的胜任力素质，构成优秀高校教师胜任力素质模型和通用高校教师胜任力素质（合格高校教师胜任力素质）模型。优秀高校教师胜任力素质包括安全意识、关注学生、反思能力、自信、影响能力、组织管理能力、灵活性、关系建立、反思能力、组织管理能力、教学知识技能、成就导向、责任感、职业偏好、效能感、科研能力等；通用高校教师胜任力素质包括分析与归纳能力、人际理解力、搜集信息能力、合作精神、诚实正直、观察力、奉献精神等。③

不同学者对教师胜任力模型的构建虽然因角度不同而设立了不同维度、不同指标，但核心内容类似，均涵盖教师师德、教师能力、教师综合素养等几大方面。教师胜任力模型能够对教师知识、技能、专业价值观等作出公平评判，区分优秀绩效和一般绩效教师，从而对一般绩效教师进行培训，对教师培养具有重要意义。

第二节　骨干教师胜任力构成因素

教师是特殊的职业，社会对其对在职业道德、专业能力、个人素养等方面具有特殊要求。骨干教师作为表现优异的教师，相较于普通教师具有潜在的、独特的特征，即骨干教师胜任力。为满足特殊的职业要求，培养合格的中小学骨干教师，应从骨干教师胜任力入手，探究骨干教师胜任力构成因素，为后续教师培养提供理论借鉴。

笔者在上一章节内容中对教师胜任力进行了阐述研究，教师胜任力大致

---

① 王亚萍：《大数据视角下高校教师岗位胜任力的评价体系构建》，《中国高等教育》2018年第 18 期。

② 杨炳君、郭雅娇：《高校教师胜任力模型构建研究》，《中国高等教育评估》2018年第 2 期。

③ 王刘华、梁青青、查方勇：《高校教师胜任力素质模型的构建与实证研究》，《价值工程》2019 年第 21 期。

由专业能力、师风师德、综合素养等三方面构成。不同类型的骨干教师胜任力结构虽略有差异，但整体来说也可分为这几大方面。

一、专业能力

中小学骨干教师的专业能力大体包含教育能力、教育科研能力两大方面。教育能力是骨干教师的核心胜任力，其直接影响教学活动效果；教育科研能力是骨干教师必备能力，通过科研可以丰富发展教育理论，时刻更新教师的教育教学观念（图2-5）。

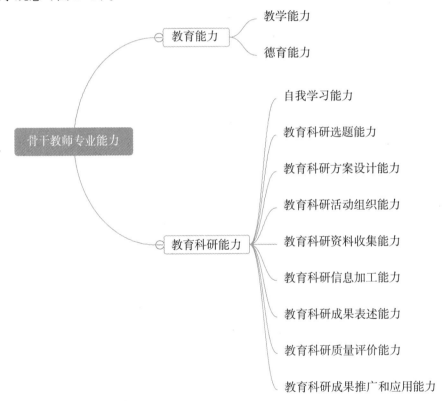

图2-5　骨干教师专业能力

（一）教育能力

教育能力内涵广泛，可根据不同角度进行分类，如根据教学基本能力可分为认识能力、设计能力、传播能力、组织能力和交往能力；根据教师能力层次可分为基础能力（智慧能力、表达能力、审美能力）、职业能力（教育能力、班级管理能力、教学能力）、自我完善能力、自学能力；根据教育教学能力可分为良好的表达能力、优秀的组织管理能力、因材施教能力、教学监控能力、自我评价能力、教育机智能力等。

从教师培养的角度，笔者将骨干教师的教育能力分为教学能力和德育能力。教学能力帮助教师顺利完成日常教学任务，并取得良好的教学成果；德育能力是教师在日常工作中，从学生身心发展规律出发，将社会对青少年的要求逐步转化为学生必备品质的能力。

1.教学能力

骨干教师的教学实践能力根据教师基础教学能力可分为语言表达能力、板书能力、教学组织能力、教学反思能力、教学监控能力、教学评价能力、学科教学能力、信息技术能力等。

（1）语言表达能力直接影响学生对知识的掌握程度，教师通过语言将知识技能传授给学生。骨干教师具备优秀的语言表达能力，能够将知识深入浅出地传递给学生。此外，语言表达能力是教师教学风格的重要体现，骨干教师能够在将知识重难点讲解清晰的同时，给学生留下深刻的印象。

（2）板书能力是教师的必备能力，教师在讲课过程中，需要将课题的重难点写在黑板上，好的板书能够引起学生注意，对学习内容起到概括、归纳作用。骨干教师具备优秀的板书能力，能够将板书逻辑严密、布局合理地展现给学生，帮助学生总结课堂重难点。

（3）教学组织能力是教师使教育教学活动能够系统、有条理地顺利进行的能力，其包含教师对教学环节的设计、教学内容的设计、教学节奏的把握、教学课堂的管理等内容。骨干教师具备优秀的教学组织能力，不仅能够做出合理的教学环节设计，还可以通过多种教学手段吸引学生的学习兴趣，增强课堂教学效果。此外，骨干教师对课堂环节的管控能力较强，能够掌握课堂情绪起伏，稳定教学秩序。

（4）教学反思能力是教师以自己的教育教学活动为思考对象，对自己的决策、行为、方法以及由此产生的结果进行审视、分析和调整的能力。骨干教师具备良好的教学反思能力，能够在教学工作中通过不断反思改进教学方式，并在反思中积累教学经验、开展教学研究，从而不断提升自我专业水平，不断优化教学效果。

（5）教学监控能力是教师为保证教学成功，达到预期教学目标，在教学过程将教学活动作为意识对象，不断对其积极主动地计划、检查、控制和调节的能力。骨干教师具有优秀的教学监控能力，能够通过观察学生的学习状态不断调整教学方法和教学状态，从而使学生能够完全掌握课堂知识重点。

（6）教学评价能力是指教师对教学的价值判断能力，其包括学生学习评价能力、课程评价能力和自我教学评价能力。骨干教师具备优秀的学生学习评价能力，能够对学生的学习效果进行合理、全面、正确的价值评价，善于发现、激发学生多方面潜能，了解学生发展需求，从而帮助学生认识自我、健康成长。骨干教师具备优秀的课程评价能力，能够对学校课程、教学材料、教学技术、教学方法等做出准确的价值判断，从而不断完善教学内容。骨干教师具备优秀的自我教学评价能力，能够针对自身的教学行为、教学效果、教学过程进行研讨和评估，了解自身教学优缺点，从而根据自我评价结果不断提高教学质量。

（7）学科教学能力包含教师对基本教学方法、教学模式的掌握和对自身学科教学方法、教学模式的使用能力和探索能力。教学技能是教师提升教学效果的重要途径，骨干教师掌握了各种教学方法、模式，并能够选择合适的教学方法激发学生兴趣、提升学生对知识的掌握程度，从而获得良好的教学效果。此外，骨干教师能够通过对教学方法、教学模式的不断探索，改进教学方案，以不断优化教学效果。

（8）信息技术能力是当代教师必须掌握的技能，其关乎我国教育事业战略性发展，即以教育信息化带动教育现代化。信息技术能力是教师专业技能的重要组成部分，骨干教师具备较强的信息技术应用能力，能够带动信息化教学能力、信息化教学管理能力、教学监控能力、组织协调能力、教学反思能力、科研能力等多方面教学能力的提高。信息技术能力是骨干教师培养的重要内容。

2.德育能力

德育能力包括了解研究学生能力、心理健康教育能力、协调沟通能力、行为诊断与监管能力、指导学生品德发展能力、对学生综合评估能力、班级管理能力、教育机智等。

（1）深入了解学生是德育的基础。骨干教师具备全面了解学生的能力，既了解学生群体特征，如群体心理显著变化、群体道德意识、群体思维变化等；也了解学生个体特征，如学生个体心理需求、爱好特长、学习能力、学习动因等。对学生的深入了解和把握能够使教师有针对性地教育学生，从而提高解决学生问题的能力。

（2）在日常学习生活中，学生常因某些原因面临心理压力，产生不良情绪，这需要教师具备一定的心理健康教育能力，能够及时为学生提供帮助。教师不仅应有对学生心理特征的了解和判断能力，还应对学生心理健康标准有正确的认知，并掌握一定解决学生心理健康问题的策略。

（3）协调沟通能力是教师在人际交往协调过程中处理各种人际关系的能力，包括教师与学生、同事、领导等人的沟通。教师作为教学管理者，应具备较强的组织领导、管理协调能力，这能够使教师在教学工作中更有效率。

（4）行为诊断与矫正能力指教师在教育教学过程中，对学生出现某种不良行为的心理判断能力和矫正能力。教师通过对学生的行为观察、记录分析，帮助学生总结问题，解决问题，从而帮助学生健康成长。

（5）指导学生品德发展能力是教师通过教育行为影响学生、帮助学生培养良好的品德、促进学生社会化发展的能力。教师在教育教学活动中通过各种方法，帮助学生树立正确的世界观、人生观、价值观，并培养学生与他人的协调沟通能力、团结协作能力等。

（6）对学生综合评估能力指教师在对学生德、智、体、美等多方面能力全面了解的基础上，对学生的长短优劣做出客观评价的能力。对学生做出准确、公正的评价是骨干教师必备的教育能力之一，只有对学生做出准确客观的评价，才能采取正确的教育措施教导学生。

（7）班级管理能力包括组织班级活动的能力，建设班级文化的能力，合理任用、培养学生干部的能力等。骨干教师具备良好的班级管理能力，能够对班级资源进行计划、组织、协调和控制，完善处理班级事务、合理组织班级活动，从而实现教育目标，使学生得到充分全面的发展。

（8）教育机智是教师在教育活动中面临突然出现的问题，迅速做出判断并采取恰当措施的能力，其是教师观察的敏锐性、思维的灵活性、意志的果断性和措施的创造性的有机统一。教育机智是优秀教师的必备能力，在日常工作中，教师常遇到一些突发状况，教育机智能够帮助教师妥善处理各类状况，提高教育教学活动质量。

（二）教育科研能力

教师的教育科研能力是教师专业性的核心部分，其在教师能力结构中的地位越来越突出，是区分骨干教师与普通教师的重要标准之一。中小学教师科研针对现实教育教学问题展开，通过解决工作实际问题提升自身专业技能和教育活动质量。中小学教师科研能力可分为自我学习能力、教研科研选题能力、教育科研方案设计能力、教育科研活动组织能力、教育科研资料搜集能力、教育科研信息加工能力、教育科研成果表述能力、教育科研质量评价能力、教育科研成果推广和应用能力等。

1.自我学习能力

自我学习能力是教师科研创新能力的基础能力之一，其指教师汲取知识、消化知识、创新知识的能力。教师只有不断自主学习，更新自身知识储备，才能实现从经验型教师到科研型教师的转变。

教师要提高自我学习能力，首先应了解自身学习基础；其次要明确本职工作能力要求以及自身定位；然后应探究高效学习方式，寻找适合自己的学习途径；此外，教师还应处理好自我学习时"博"与"专"的关系，使知识的广博与专深形成协调统一，形成专业知识结构。

教师提升自我学习能力，还可以通过向优秀同行学习、在实践中总结经验等方式，成为反思性实践者、行动研究者，从而跟上教育科研的步伐。

2.教育科研选题能力

选题是教育科研的第一步，骨干教师应具备教育科研选题能力。教育科研选题能力指教师根据一定标准或要求，从没有标准答案的诸多教学问题中，确定出所研究课题的能力，主要包括发现问题的能力和分析问题的能力。其要求教师具备发现问题、探究问题的素养和明确选题的标准。

3.教育科研方案设计能力

教育科研方案是指研究者为实现预定的教育科研目标，而对整个教育科研过程所进行的整体规划和对主要工作所进行的合理安排，是开始进行课题研究的工作框架。教育科研方案设计能力指对主要工作进行合理安排和对整个研究过程进行全面规划的能力，具体来说，是指确定研究目的、选择研究方法、安排研究时间与进度、确定研究工作重点与难点、设计研究成果表述形式和采取研究措施等能力。

4.教育科研活动组织能力

教育科研活动是一个由研究主体、研究客体、研究对象、研究目的、研究方法、研究条件等要素构成的不可分割的活动整体。在教育科研活动中，一个科研项目要想取得好的成果，必须将这六个要素进行结合，而教师就要具备把这六个要素完美组合起来的能力，即教育科研活动组织能力。

5.教育科研资料收集能力

开展教育科研活动，就必然涉及收集资料的问题。教育科研资料收集能力主要是指研究者认识到科研资料的价值，并运用观察、调查、实验、查阅文献等方法收集、整理教育科研资料的能力，实际上也是善于捕捉、判断和组织各种信息的能力。资料收集对课题研究十分重要，教育科研过程就是对科研资料的收集、使用和再创造的过程。因此，教师能否收集到教育科研资料，关系到整个教育科研活动的成败。

6.教育科研信息加工能力

教育科研信息加工能力是指教师对科研信息的筛选、识别、分类、分析、评估以及利用信息作出决策和解决问题的能力。科研信息与资料的整理和分析是一种高层次的思维活动，它能锻炼一个人的理解能力、比较能力、分析和综合能力、归纳和概括能力。从某种意义上说，教育科研的过程，就是在获取、掌握、处理和应用教育科研信息的基础上，解决教育中存在的问题的过程。

7.教育科研成果表述能力

教育科研最终要通过文字载体以不同的论文形式将研究结果表述出来。教师的文字表达能力直接影响着科研成果的交流范围和水平。它要求教师把经过潜心研究得出的新认识、新思想、新办法等归纳成文字，通过教育科研报告或科研论文、著作等形式表达出来，从而更好地发挥科研成果的价值。研究成果表达得如何，直接关系到教育科研成果质量的高低和产生社会作用的大小。因此，对教师来说，清晰的思维、良好的书面表达能力就显得尤其重要。

8.教育科研质量评价能力

教育科研质量评价能力是指教师客观公正地依据公认的价值标准，采取科学的评价方法和技术，对研究工作的过程及效果进行测定，并对研究目标的实现程度作出价值判断的能力。教育科研质量的评价是教育科研的一个重要环节，处于教育科研系统的逻辑终点。只有通过评价才能确定研究成果的价值，才能确立研究成果的推广意义。

9.教育科研成果推广和应用能力

教育科研成果推广和应用能力包括能够准确认识到科研成果的价值，主动接受科研成果，并把科研成果运用到教育教学实践中去的能力。它主要体现在接受新的理论研究成果、新的实践经验，从中受到启发，并把它迁移到自己的教育教学实践中进行试验与探索等方面。

二、师风师德

骨干教师的师风师德是骨干教师必备的思想道德素养，也是教师教育的培训重点。骨干教师的师风师德包含爱国守法、爱岗敬业、热爱学生、教书育人、为人师表等（图2-6）。

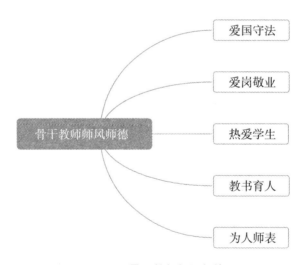

图 2-6　骨干教师师风师德

（一）爱国守法

爱国守法是骨干教师最基本的道德素养和政治品质。爱国需要教师热爱祖国、热爱人民，拥护中国共产党的领导，拥护中国特色社会主义；守法需要教师依法执教，全面贯彻国家教育方针，遵守教育法律法规。

骨干教师充满爱国情怀。爱国情怀使教师具备立德树人的使命感，能够将社会主义核心价值观融入教育过程，引导学生树立正确的世界观、人生观和价值观。此外，爱国情怀能够坚定教师的职业信念，升华教师的职业情感，从而使教师获得长久的职业动力，在教师岗位上不断奉献，为我国教育事业添砖加瓦。

骨干教师能够依法执教。教育法律法规是教师职业活动的基本行为准则，维护着基本的教育秩序。依法执教不仅关乎教师的个人利益，更关乎国家和社会的未来。教师在教学过程中应自觉用法律规范自身言行，做到高标准、严要求，自觉遵守法律法规，依法履行教师职责权利，合法、规范、严谨地完成教育教学任务。

爱国守法是教师师德修养的基础，其既是对教师的职业道德要求，也是教师完成职责使命的必备条件。教师应不断强化自身爱国守法观念，坚定献身人民教育事业的崇高理想，在不断奋斗中成长为优秀的人民教师。

（二）爱岗敬业

爱岗敬业是骨干教师必备的职业道德素养，骨干教师的爱岗敬业具体表现在具备坚定的职业理想、强烈的职业责任感、教师职业良心等三方面。

骨干教师具有坚定的职业理想，能够在教育工作中毫不动摇地坚持自身职责、坚守岗位，不受外界环境影响和干扰。教育是一项长期而艰苦的工作，需要教师持之以恒地努力和坚持不懈地进取。坚定的职业理想使教师能够在教育工作中不断坚持、追求卓越、实现自身专业发展，其是教师保持旺盛的职业生命力、获得职业幸福感的重要动力和源泉。具备坚定的职业理想后，教师会对教育事业产生源源不断的热情，并将教师专业发展内化为自我需求，从而使教师的专业发展形成内在价值追求和外在行为的协调统一，促进教师的成长发展。

骨干教师具有强烈的职业责任感。教师责任是社会对教师职业角色所持有的期望，教师对这种期望的认同与承担，就是教师的职业责任感。教师责任很大一部分并非明确规定的职责和行为，而是自觉自愿的行为，是教师对学生需求所做出的及时而适当的反应。具备强烈责任感的教师会时刻关注学生需求，并随时准备采取相应的积极行动。

骨干教师的职业良心体现在淡泊名利、勤勉敬业、认真负责等方面。随着社会经济的高速发展，商业文化的繁荣、消费主义的盛行悄然侵蚀一些教师的职业信念，甚至会出现一些教师认为学校是一种商业服务机构的现象，这种情况与社会对教师的期待背道而驰。骨干教师能够抵制社会环境不良风气所带来的侵袭，保持淡泊名利、执着率真的职业信念，担当起教书育人的神圣职责。

此外，骨干教师在日常工作中勤勉敬业，对学生、对工作认真负责，能够认真备课、认真批改作业、认真辅导自习，在平凡的岗位实现自身人生价值。

（三）热爱学生

教育是充满爱的事业，热爱学生是教育的必要条件和前提，是教师职业道德的根本体现。骨干教师对学生的热爱表现在关心爱护学生、尊重信任学生、公正对待学生等方面。

1.关心爱护学生

骨干教师在与学生交往过程中关心和爱护学生，这种发自内心的情感流动不仅能够增添教师的个人魅力，还能够多方面促进教育教学任务的高效完成。

教师对学生的关爱可以提升学生对教师的信任度，营造积极健康的师生关系。学生对教师充满信任，就会敞开心扉、坦诚相待，从而更容易理解教师的良苦用心，更乐于接受教师提出的建议和批评等。教师可以通过学生的信任深入了解学生的内心世界，根据对学生心理的准确把握采取相应的教学措施，从而产生更好的教育效果。

教师对学生的关爱可以激发学生积极的态度和情感。通过对学生的关爱，教师可以向学生传递积极正向的情感信号，从而引导学生形成积极的情感和态度。学生在教师的关爱中成长发展，将会保持愉悦的情绪状态，这种愉悦的情绪状态能够使学生积极地面对各种困难和挑战，形成良好的学习品格。

教师对学生的关爱有利于促进学生社会化发展，帮助学生形成健全人格。学校是小型社会，学生在学校中逐渐实现自身的社会化发展。教师是学生社会化的促进者，教师对学生的关爱会直接影响学生对社会、他人的态度和行为。教师的关爱能够为学生带来正面的榜样效应，让学生了解社会中人与人之间的健康的相处模式，对学生的人格健全具有重要意义。

骨干教师对学生的关爱基于教师对教育事业的热情、信念和执着追求，其既有情感成分，也有理性成分。情感成分使教师对学生充满感情，理性成分使教师从学生的长远发展考虑，对学生严格要求，帮助学生健康成长。严格要求与关爱学生并不冲突，其属于教师对学生关爱的一部分。这种严格要求应贯穿课堂教学和课外活动的全过程，当学生出现错误和偏差时，教师不应放纵，而应及时地予以批评并提出要求。此外，需要注意的是，严格要求建立在符合教育目的、推动学生身心发展的基础上，而非采取简单粗暴的方式对待学生。骨干教师能够准确把握关爱学生和严格要求之间的关系，对学生关爱而不溺爱，即不严苛也不放纵。

2.尊重信任学生

骨干教师在与学生交往过程中，可以充分尊重信任学生。教师只有充分了解学生，以尊重信任的态度对待学生，学生才愿意对教师敞开心扉，在课堂上积极展现自己，充分发挥学习的主动积极性。

尊重信任学生，首先应尊重学生的人格和尊严。学生作为独立的个体，具有完整的人格，因此，教师在教育过程中应尊重学生的人格和尊严，保护学生的自尊心，不能对其讥笑、冷眼相待。其次，教师应将学生看作有思想、有感情的人，以平等的身份看待学生，尊重学生的合理需求。此外，教师应善于倾听学生的意见，允许学生有独立的思考见解并予以积极鼓励和不断引导，充分尊重学生的表达权。

教师对学生的尊重和信任可以使师生在心灵、情感上和谐交流，从而建立融洽的师生关系。在和谐融洽的师生关系中，教师能够得到学生的充分认可，从而与学生相互理解、相互信任、相互支持、相互配合，学生则会心悦诚服地接受教师的观点和教诲。这种健康积极的师生关系不仅能够使学生"亲其师，信其道"，还能够促使教师产生积极的情感，充满对工作的热情。

3.公正对待学生

骨干教师能够公正对待学生。教师公正对待学生指在教育活动中，教师能够对所有学生做到一视同仁、同等对待、公正无私，而不以个人私利和喜恶作为标准。教师公正是重要的教师职业道德要求，其对教育活动具有重要影响。

教师公正地评价、对待学生，不偏爱、歧视学生，能够增强学生对教师的信任感，调动学生的学习积极性，从而为营造良好的教育环境奠定基础。教师公正对待学生不仅是形成良好教育环境的基础，还是培养学生健康人格的关键。教师公正对待学生对学生有重要的教育示范意义，教师在与学生的交往中体现出正直无私的品性，才能使学生感受到公正的美好，从而奠定学生在未来社会生活中努力追求道德公正的心理基础，激励学生追求真、善、美等美好品质，培养学生健康的人格品质。教师对学生的不公正对待则会造成学生情感的压抑和心理不平衡，从而使学生丧失对教师、学校乃至社会的信任，不利于学生形成健全的人格。

骨干教师的公正体现在对待不同学生的态度一视同仁方面，当成绩优异和成绩较差的学生犯错误时，并不因成绩好坏而区别对待。此外，骨干教师能够关爱每一个学生。尤其是面对后进生时，骨干教师会尽可能创造条件，使学生获得展示自我的机会，不断鼓励其奋发向上。

（四）教书育人

教书育人是教育的本质要求，也是教师职业道德的核心内容。教书育人指教师既要向学生传授科学文化知识，培养学生智力、能力，又要自觉用崇高的思想道德影响学生的灵魂，促进学生形成良好的品质。

骨干教师的教书育人体现在"教书"和"育人"两方面。在"教书"方面，骨干教师能够遵循教学规律，因材施教，帮助学生掌握科学文化知识；在"育人"方面，骨干教师能够遵循教育规律，将思想教育融入教学工作和日常生活中，培养学生优良品性，促进学生德智体美劳全面发展。

教书、育人不可分割且相辅相成。骨干教师具有正确的教书育人观念，能够将教书和育人有机结合，坚持教书和育人的统一，并不偏颇于某一方面。

在日常教学中，骨干教师通过成为学生的良师益友、遵循教育规律、将"教书育人"理念贯彻课堂内外等方法达到教书育人的要求。

学生与教师常因为身份的差别存在一些隔膜，教师通过"良师"和"益友"的身份转化能够更加贴近学生，赢得学生的信任，深入了解学生的学习状态、心理状态，在与学生的接触中潜移默化地影响学生，从而完成教书育人的任务。

遵循教育教学规律是教书育人取得成效的根本保障。骨干教师在教学过程中遵循教育教学规律，深刻贯彻"以人为本""素质教育""因材施教"等教育原则，并将教育理论与自身实践紧密结合，保证教书育人的正确方向，提高教学效率，从而获得良好的"教书育人"成果。

课堂教学、课外教学是教师影响学生的主要渠道，在教学实践中，骨干教师常将"教书育人"贯彻课堂内外。在课堂中，骨干教师能够结合自身教授课程内容的特点，深入挖掘课程的育人资源，并将课程内容与思想教育相结合；此外，教师还可以通过在课堂中表现出的工作作风、工作态度等直接影响学生的思想品德。在课外，教师通过各类比赛、活动等灵活向学生传授科学文化知识，并培养学生的思想品德和各种能力。

（五）为人师表

我国古代教育家孔子曾说："其身正，不令而行；其身不正，虽令不从。"这表明教师的行为品格在教育事业中发挥着至关重要的作用。对教师行为品格的要求体现在教师职业道德中则是为人师表。为人师表是教师职业道德的重要组成部分，其指在教育教学过程中教师用自身言谈举止为学生做出表率，通过言传身教、以身立教等方式教育影响学生的过程。

骨干教师的为人师表主要体现在个人情操、个人形象、对待群体组织、对待工作等方面。

1.个人情操方面

在个人情操方面，骨干教师能够坚守高尚情操，知荣明耻，严于律己，以身作则。由于教育的示范性和特殊性，教师在教育活动中所展现的个人情操对学生有直接影响。教师是学生重要的榜样，其思想行为、品格等无时无刻不在感染学生，因此，教师应坚守高尚的情操、知荣明耻，通过潜移默化的影响帮助学生形成优良的道德品格。

教书育人是教师的职责，教师不仅需要用学识教育学生，还需要用人格感化、影响学生。因此，教师需要做到严于律己、以身作则，要求学生做到的首先应自己做到，言行一致，成为学生的榜样。

2.个人形象方面

在个人形象方面，骨干教师能够做到衣着得体，语言规范，举止文明。教师的仪容仪表和言谈举止能够直接反映教师的道德风貌和审美情趣，不仅对学生有示范意义，还能够代表学校、教师群体的整体形象，因此，教师应该注意衣着、语言、举止等个人形象。

在衣着方面，教师应衣着得体，符合职业特点、环境要求和审美标准，从而树立良好形象，为学生展现积极健康的精神面貌。

在语言方面，教师应语言规范文雅、亲切自然。在课堂中使用普通话教学，语言精练准确、言简意赅、合乎逻辑、富有美感；语速流畅自然、快慢适中。在教育学生时应注意语言表达的委婉和情感性，切忌用低级庸俗、刻薄蛮横的语言伤害学生。

在行为举止方面，教师应符合教师职业形象，做到稳重得体、从容可亲。教师的职业特点要求教师遇事沉着冷静，能够控制自身情绪，稳重得体的形象能够体现出教师的专业性。此外，教师在教育学生时应态度诚恳，能够使学生感到和蔼可亲。

3.对待群体组织方面

教师在工作中除面对学生外，还需要面对学校同事、领导、家长等群体组织。在对待群体组织方面，骨干教师能够做到关心集体、团结协作、尊重家长、尊重同事，协调好与学校、同事、家长之间的关系。

教师个人工作与集体工作关系密切，教师在集体中成长发展，因此，教师应学会正确处理个人与集体的关系，做到关心集体，树立大局意识，自觉维护集体利益，关心集体发展。

教师的工作离不开相互竞争和相互协作，教师通过与同事相互竞争激发进取精神，不断在教学岗位奋发图强；教师通过与同事互相协作、互相学习共同进步，达到双赢。教师应正确处理竞争、合作的关系，不能让竞争破坏教师之间的合作关系，做到团结协作、尊重同事，从而形成互相学习、互相交流的良好风气，共同促进学生的发展和成长。

教师的日常工作离不开与家长的沟通，教师应正确处理与家长的关系，尊重家长，与家长建立平等合作的关系，通过与家长的和谐沟通，共同促进学生的健康成长。

4.对待工作方面

在对待工作方面，骨干教师能够做到作风正派，廉洁从教。廉洁从教指教师自觉抵制社会不良风气，不利用职务谋取私利，发扬无私奉献的精神。

廉洁从教是教师的重要职业道德，其是教师处理教学活动与个人利益的行为准则。奉献精神是教师永不过时的优秀品质，也是社会对教师职业道德的普遍要求，教师利用教学职责谋取个人私利不仅与奉献精神背道而驰，更违背了基本职业道德。

教师应坚持道德操守，作风正派、无私奉献，坚决杜绝利用职责之便谋取私利等行为，才能不辱使命，担当起"人民教师"这一称号。

三、综合素养

骨干教师综合素养包括知识结构、心理素养、生理素质等（图2-7）。

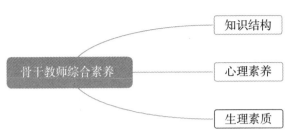

图 2-7 骨干教师综合素养

（一）知识结构

知识结构是教师经过系统学习后所构建的知识体系的构成情况和结合方式，合理的知识结构既包括精深的专业知识，又包括广博的知识面。教师知识结构是教师发展专业能力的基础，教师对专业知识理解得越深刻、掌握得越牢固，知识结构越合理，越有利于专业能力的发展。

骨干教师的知识结构由教学专业知识和背景性知识构成，教学专业知识决定骨干教师的教学专业性，背景性知识则对骨干教师的教学起到重要辅助作用。

1.教学专业知识

骨干教师的教学专业知识由教师学科专业知识（本体性知识）、教师教学理论知识（条件性知识）、教学实践性知识（教学缄默知识）等构成。

教师学科专业知识又称本体性知识，其指教师拥有所教特定学科的知识基础，多由教师在职前学习中获得，后通过职后学习不断补充发展。学科专业知识是教师知识的核心部分，骨干教师具备扎实的学科专业基础和深厚的学科专业知识积淀，且对学科教学前沿发展极为关注，不断更新自身知识储备。

教师教学理论知识又称条件性知识，其指教师拥有的心理学、教育学知识，这些知识多由教师在师范教育、大学学习、职后系统培训中获得。骨干教师具备丰富的教学理论知识，能够将教育学、心理学知识融会贯通，并运用到教学实践中。对教学理论的精通是教师提升教研能力的基础，通过教育教学理论，骨干教师可以深入研究更多教学方法和教学模式，从而达到更好的教学效果。

教学实践性知识指在教师教学操作中起重要作用，但又无法用语言直接表达的知识。教学实践知识也被称为教学缄默知识，其多是在职后教学过程中通过教学实践体验和感悟到的。教学实践性知识是教师教学水平提高的重要因素，骨干教师具备较为丰富的教学实践性知识，且善于总结教学实践性知识。在教师培训中，教学实践性知识可通过教师不断地实践、反思以及相互交流获得。

2.背景性知识

背景性知识是教师的一般文化基础常识，其是便于教师有效开展教育教学工作的各种一般性知识的总和，具体包括哲学知识、社科知识、现代科学技术、文学艺术常识等。

中小学教师面对的教育对象通常具有强烈的好奇心和旺盛的求知欲望，对各个领域的知识都充满浓厚兴趣，背景性知识能够帮助教师在与学生互动时随时解答学生的各类疑问。教师具备宽泛的知识面，就更容易获得学生的敬爱和信赖，这有利于强化教师对学生的影响力，从而对教学工作起到重要推动作用。从这一意义上说，骨干教师必须具备广博的背景性知识。

在日常教学工作中，教师应对各学科文化知识有所涉猎，形成广阔的知识面，及时补充文学、艺术、历史、天文、地理、生物、化学、物理等各类知识，提升自身背景性知识底蕴。

（二）心理素养

时代的发展对教师的心理素养提出了越来越高的要求，教师心理素养对教育教学工作具有重要影响。教师的心理素养体现为健康的心理状态，这要求骨干教师具备基本的心理能力和特定的心理素质。

1.基本心理能力

基本心理能力包含角色适应能力、心灵感悟能力、情绪控制能力、心理承受能力、教育表现能力。

（1）角色适应能力是教师教书育人的基础。骨干教师在实际工作中面临各种教学事务和行政事务，不仅要做到传道、解惑、启智，还要妥善处理人际关系，熟练处理各类工作事务。因此，教师应具备角色适应能力，不仅要适应自身角色切换，还要适应不同的教育观念、工作方式、生活环境。具备优秀的角色适应能力是教师胜任教师职业的重要前提。

（2）心灵感悟能力是教师对学生心灵的感悟能力，包括对学生声调、手势、表情等信息的捕捉、识别能力。心灵感悟能力能够帮助教师准确判断学生心理状态，从而做出正确的引导。骨干教师具备优秀的心灵感悟能力，能够通过学生的行为，准确迅速地判断学生的心理感受和行为动机，并及时给予帮助和鼓励。

（3）情绪控制能力是教师控制自身情绪，使自己保持理智的情绪状态投身教育活动的能力。教师有时因角色冲突、各类突发状况、自身原因等产生糟糕的情绪，这需要教师具备优秀的情绪控制能力，能够时刻保持情绪稳定，不因激烈的情绪对教育工作造成负面影响。

（4）心理承受能力是个体抵抗既定事实或意外打击的能力。教师需要协调学生、学校、社会和家庭的关系，在社会、家庭、工作中会遇到许多无法预料的挫折，强大的心理承受能力可以使教师在面对重大打击时正确应对，并迅速消除影响，调整心理状态，继续在岗位上奋斗。心理承受能力是教师必备的心理修养。

（5）教育表现能力是教师自我意识和自强、自信心理状态的集中体现。骨干教师拥有强烈的教育表现能力，既敢于在教学工作中展示自我，也善于提升自我、发展自我。

2.特定心理素质

特定心理素质包含敏锐的观察力、丰富的创造力、广泛的兴趣、坚强的意志力、人格魅力等。

（1）敏锐的观察力是骨干教师必备的心理素质。教师通过观察研究学生、捕捉学生心理信息，拥有敏锐的观察力能够使教师在学生行为细节中了解学生，把握学生思想脉络，并对学生进行针对性引导和教育。

（2）教育本质上是一种创造性活动，这要求教师具备丰富的创造力。在教育工作中，不同的教师具有不同的教学风格；教育对象的年龄、水平、身心状态不同；教育环境千差万别。因此，每个教师的劳动都是创造性劳动，教师要具备良好的创造性思维，才能成为一名优秀的教师。

（3）教师需要具备广泛的兴趣，不断更新自身知识结构，拓展学科视野，才能满足学生发展需求。

（4）教师工作是重复性较强的工作，容易产生职业倦怠，因此，教师应具有坚强的意志力，从而坚定自身职业信念，并为实现教育目标和职业理想不断奋斗。

（5）骨干教师具备人格魅力，并通过自身人格魅力帮助学生形成健全人格，促进学生健康成长。教师人格魅力主要包含教师对工作的激情、教师对学生的热爱、教师的教育智慧、教师的包容心理、教师性格的闪光点等。

（三）生理素质

教师的生理素质指教师在先天遗传和后天锻炼基础上表现出的形态和机能上相对稳定的特征，主要包括感觉器官和神经系统两大方面。

教师的生理素质对教师的思想、精神和心理有重大影响和制约作用。因教师工作的特殊性，教师劳动本质上是以教师自身活动引起、促进学生发展变化的劳动。教师的思想、精神、心理对教师行为活动起到关键作用，因此，教师有良好的生理素质是教师胜任教育教学工作的基础。

教学教育工作内容繁杂，教育对象多变且教育目标高远，这使教师劳动变得复杂而繁重。在教育教学工作中，教师需要运用大量时间、采取一系列动作技能完成工作任务。可以说，教师劳动是脑力劳动和体力劳动的统一。

教师的生理素质很大程度决定教师教育活动的能力和质量，因此，教师应具有优秀的身体素质，即器官功能优良、感知准确灵敏、神经系统平衡性好等。此外，教师还需要有健康的体魄、充沛的精力和旺盛的生命力，以适应工作对脑力和体力的要求。

第三节　培养骨干教师胜任力的意义

教师胜任力研究与教师管理、教师培养工作息息相关，对骨干教师胜任力进行研究主要目的是提高教师的工作绩效，为教师专业化发展提供理论依据。培养骨干教师胜任力对教师培养工作具有重要意义，本节将从教师任用角度、教师培养角度、教师评价角度、教师激励角度、教师个人发展角度进行阐述（图2-8）。

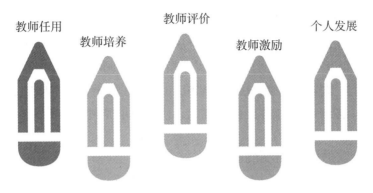

图 2-8　培养骨干教师胜任力意义阐述角度

一、从教师任用角度而言

在实际教师培养工作中，培养骨干教师胜任力有利于教师培训师资力量的建设和对受培训者的选拔。

（一）教师培训师资力量的建设

培养骨干教师胜任力有利于明确教师培训目标，这对教师培训师资力量建设工作具有指导意义。在教师培训人员的选拔任用中，应根据骨干教师培养目标组建导师队伍，参考骨干教师胜任力模型构建结构合理、能力平衡的教师培训师资队伍。

（二）受培训者选拔

根据胜任力洋葱模型、冰山模型等可知，胜任力分为潜在素质和表层素质，潜在素质较难培养，表层素质较容易培养。骨干教师潜在素质包括职业动力、价值观、动机、态度等，表层素质包含专业能力、知识结构等。为提高骨干教师培养效率，保证骨干教师培养结果，对受培训者的选拔可参考骨干教师胜任力模型，选择潜在素质较为优秀的教师进行培养。

二、从教师培养角度而言

从教师培养角度而言，培养骨干教师胜任力有利于促进教师培养制度专业化、精细化发展。我国基础教育事业发展离不开数量庞大、质量优秀、结构合理的教师队伍，培养大量教育人才势必需要完善的人才培养制度，我国教师培养制度也必然会走向专业化和精细化。

在教师队伍中，不同学科、不同阶层、不同种类的骨干教师胜任力结构有一定差异，如班主任型骨干教师与研究型骨干教师的胜任力核心特质互有偏重，对不同类型骨干教师胜任力的研究和培养有利于构建不同的教师培训体系，促进我国教师培养工作走向精细化，使教师培养制度得到发展优化。

三、从教师评价角度而言

教师评价包括教师素质评价、教师绩效评价和教师效能评价，完善的教师评价制度是促进教师专业化发展、提高教师教学质量的重要保障。教师评价与教师管理、教师培养关系密切，其评价标准是教师专业化能力提升的关键。对骨干教师胜任力研究和培养有利于促进教师评价标准的优化，完善教师评价体系，形成骨干教师培养工作的良性循环。

将骨干教师的胜任力纳入教师评价标准中，有利于提高教师专业水平，促进教师职业发展，提高教师培养质量。

四、从教师激励角度而言

目前我国教师激励制度的关注热点在于通过提高待遇、职称倾斜等途径打破"唯分数论""唯升学论"的评价倾向，以提高教师综合素质和教学积极性、创造性。教师激励有利于提高教师对专业发展、个人提升的积极性，从而帮助骨干教师的培养。

培养骨干教师胜任力能够有效推动教师激励制度的完善，为教师激励导向提供正确的方向和科学标准，实现教师培养—教师激励—个人提升的正向循环，进一步完善骨干教师的培养制度。

五、从个人发展角度而言

培养骨干教师的胜任力需要构建骨干教师胜任力模型，骨干教师胜任力模型能够为教师个人发展提供参考，帮助教师了解自身专业发展所需的胜任力因素，从而找准自身差距，并通过不断学习完善能力结构、知识结构、素质结构，实现自我超越，提升自身胜任力。

　　此外，教师可以参考不同类型骨干教师胜任力模型，并根据职业理想和个人特点，找到适合自身专业发展的方向，从而缩短教师专业化成长的过渡期，顺利成长为一名成熟的优秀教师。

第三章　中小学骨干教师胜任力培养路径

中小学骨干教师的胜任力具体包括动机、特质、自我形象、态度和价值观、某领域知识、认知与行为技能等，在教师培养层面可分为师德、能力、综合素养等三大方面。师德培养偏重对教师认知、价值观、态度等潜在胜任力的培养；能力培养则偏重对教师知识技能等表层胜任力的培养；综合素养的提升既包括潜在胜任力培养，也包括表层胜任力培养。

不同类型的胜任力培养路径有一定差异，本章将通过教师师德、教师能力、教师综合素养等三方面，对中小学骨干教师胜任力的培养路径进行探究，为中小学骨干教师的培养工作提供理论借鉴。

第一节　中小学骨干教师师德培养路径

师德是教师在从事教育活动中所遵循的行为准则和必备道德品质，包含教师的政治素质、精神风貌、职业态度、道德情操等。师德培养是教师培养的重要主题，其不仅对教师的专业发展意义重大，还对学生健康成长和社会文明推动至关重要。

教师师德的形成既受到外界环境、教育等因素影响，也受到个人内在动机等因素影响。外界环境、教育等因素包括教师职业道德教育、教师奖惩评价机制、校园环境风气等；个人内在动机等因素则包括教师价值观、人生观、职业观所催生的职业使命感、责任感等。

师德培养主要通过行为规范和思想教育两种方式实现，行为准则能够规范教师在教育活动中的语言和行为；思想教育能够潜移默化地影响教师的人生观、教师观、事业观。在师德培养过程中，道德内化机制将行为准则逐渐转化为教师自发道德行为，将社会赋予教师的道德思想意识逐渐转化为教师个人道德观念。

社会对教师师德的要求本质上是对教师道德行为的约束，道德行为是在道德意识支配下产生的行为，其产生关键在于教师的认知，因此教师师德培养不仅要对教师行为进行规范，还要重视对教师价值观、态度、意志等潜在胜任力的培养。教师师德的培养是一项长期且艰巨的工作，结合教师师德形成因素和师德培养方式，笔者认为可从构建教师师德培养体系、构建教师师德绩效评价制度、加强学校师德文化建设等多方面采取措施，多管齐下，共同促进教师师德提升。

一、构建教师师德培养体系

骨干教师培养途径包括校本培训、院校机构教育、教学实践、自主学习等，教师师德培养作为教师培养的一部分，同样需要通过这些途径得以实现。

师德培养作为任务重、持续性较强的工作，应以德育课程作为主要载体，对教师进行系统的教育培养。为提高教师师德培养效率，应利用各类培养途径构建教师师德培养体系，全方位地对教师实施思想道德教育。

构建教师师德培养体系应从师德培养内容选择、师德培养方式选择、不同培养途径的师德课程体系建设等三方面入手（图 3-1）。

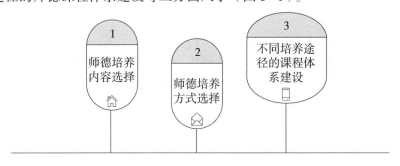

图 3-1 构建教师师德培养体系

（一）师德培养内容选择

师德培养内容应是一个科学完整的体系，具体包括思想政治教育、教师职

65

业理想教育、教师学术道德教育、传统美德教育、教师职业道德规范、法治教育、教育专业伦理培训等。

1.思想政治教育

中小学教师的职责是培养社会主义事业建设人才，因此教师应具备一定的政治素养，思想政治教育是中小学教师师德教育的重要内容。思想政治教育能够使教师对社会主义有正确认知和坚定信念，对国家教育方针政策坚决拥护。此外，思想政治教育包括爱国教育，这有利于教师将个人职业发展与国家建设相联系，充分发扬无私奉献的精神，以积极进取的态度投身到社会主义建设中。

2.教师职业理想教育

教师职业理想教育包含教师职业认知、职业信念、职业情感和职业理想等内容，其能够帮助教师树立崇高的职业理想，增强教师的责任感和使命感，对教师的价值观、人生观、幸福观具有积极影响。

此外，教师职业理想教育能够帮助教师明确自身职业规划，树立终身学习、终身从教的理念，坚定在教师岗位上实现人生价值的信念。

3.教师学术道德教育

教师学术道德规范是教师从事学术研究活动过程中，在处理个人与他人、社会的关系时应遵循的原则和规范。对教师进行学术道德教育有利于培养教师学术道德意识，防止学术不端、弄虚作假等现象的产生。

4.传统美德教育

传统美德是师德建设的基石。师德作为个人基本道德原则的延伸，与教师的个人道德认知息息相关，对教师进行传统美德教育有利于培养教师优良的道德品质，加强教师对传统精神的认知理解。提升教师的个人道德水平能够有效促进教师师德的培养。

5.教师职业道德规范

教师职业道德规范是教师从事教育劳动必须遵守的规则和道德品质。对教师进行教师职业道德规范教育，有利于教师深入理解教师职业道德内涵，促进教师职业道德观念现代化，对教师职业道德品质的形成起定向作用。

6.法治教育

知法守法是公民最基本的素质，教师不仅是人类文明的传播者，还是法律法规的践行者和模范带头者。教师是依法执教的主体，教师法律素质的高低直接决定依法执教能否顺利实施，进而影响教育质量。对教师进行法治教育能够提高教师教育法律意识，帮助教师明确自身责任与权利，从而实现"依法执教"，为"以德执教"打下坚实基础。

7.教育专业伦理培训

教育专业伦理培训的目的在于教会教师用伦理学思考问题，提高教师道德分析推理能力和道德敏感性。在实际教学中，常发生因教师缺少道德敏感性导致问题的案例，单纯的道德理论教学不能够使教师在解决实际问题时得心应手。教育专业伦理培训能够通过道德问题两难法、对偶故事法等案例教学提高道德教育现实感，让教师意识到不同道德观点的存在，提高道德敏感性和分析推理能力，从而提升解决实际问题的能力。

（二）师德培养方式选择

教师师德培养方式的选择与师德教育效果密切相关，目前我国部分学校存在师德培养方式单一的情况，这限制了师德培养效果的提升。

在教师师德培养中，应多种培养形式相结合，促进教师师德的提升。例如，采取专题讲座、交流研讨、课程学习、优秀教师师德报告等多种培养形式，激发教师学习兴趣，从而保证师德培养的效果。

师德提升最重要的是发挥教师的能动性，因此在进行培养方式的选择时应充分尊重教师的主体性，重视教师的情感体验、教学信念形成和师德践行。我国教师德育培养长期以来更偏理论性，这在一定程度上会造成脱离实际工作，师德教育浮于表面。在师德培养方式上，应更加重视案例分析、情境体验、现身说法等培养方式的应用，贴近教师工作生活。教师通过实践体验，将师德理论内化为信念，并外化为实际行为。

（三）不同培养途径的师德课程体系建设

师德培养课程是教师参与师德培训的载体与进程安排。目前我国的部分师德培养课程存在拼盘式、碎片式、主题模糊、不够系统化等情况。要提升师德培养的有效性，应运用整体性思维与整合化观念，对师德素质结构、层级目标、不同类型培训特点进行研究，并构建不同培养途径的师德课程体系。

1. 校本培训课程体系

校本培训是以学校为中心开展的教师培训活动，其培训课程多与教师教学实践相关，旨在提高学校教学质量和教师职业修养。校本培训是在岗培训，因时间、场地、教师工作等限制而多为短时培训，通常以讲座、研讨、短期培训等方式开展。

中小学可采取定期组织师德课程、系统规划师德课程、多形式开展师德课程等方式构建师德课程体系。中小学可根据本校情况组织一周或半月一次的培训活动，将培训时间固定化，每半年为一个培训流程，并根据师德培养主题以半年为周期开展系列培训。此外，在培养方式的选择上可采取多种培养方式并行，如开展一月一次或两月一次的名师师德主题讲座，每月的师德培训规划可采取案例研讨、视频集中学习等方式，既加深教师对师德理论的认知，也提高教师对教学实际问题的解决能力。

2. 院校机构培训课程体系

院校机构培训是我国教师专业化进修的重要途径，院校机构具有较强的活动组织能力，培训课程较为体系化，教师能够在院校机构接受较为系统的师德培养。

院校机构培训具有完整的"进修—学习—考核"流程，相较校本培训来说，不仅流程更为规范，课程设置也更具专业性。教师可根据自身需求选择教育层次和培训类型，院校机构的德育课程体系也应围绕不同目标和需求进行层次化建设，开展多种德育培训项目。

为满足不同教师的需求，院校机构可以开设多门教师师德课程，并为教师提供长期、短期、专项培训项目。在课程种类方面，可开设思想政治、教师职业理想、教师学术道德、传统美德、教师职业道德规范、法治教育、教育专业伦理培训等课程。在培训项目方面，可根据不同的项目主题设置不同的课程学习内容，如法治教育、学术道德教育等短期集中培训项目，并根据课程内容完善考核流程。

此外，因院校机构的办学形式多种多样，可根据不同办学形式有针对性地开发师德课程体系，如面向长期脱产进修教师提供长期系统化的师德课程教育，面向短期脱产进修教师提供体系化的专项师德课程教育。

3.网络课程体系

当今时代是信息化时代，网络影响到教师工作、生活的方方面面，教师可以通过观看网络课程、寻找网络信息资源等提升自我。网络学习是教师自主学习的重要方式，教师可以通过网络学习师德，完善自我。此外，在偏远地区进行教师培训时，网络课程能够缩小教育资源差距，且在时间安排上也更为灵活。

为教师提供优质的德育课程资源、构建师德网络课程体系对提高教师自主学习效率、缩小教师师德教育地区差距具有积极意义。在构建网络课程体系时，应考虑到教师自主学习特点和网络课程学习特点，打造一批优质的教师德育课程，并投放到教师教育平台中。

二、构建教师师德绩效评价制度

绩效是教师专业化提升的外在动因之一，教师绩效评价制度是对教师进行管理的前提条件。明确绩效标准，才能使教师明确努力目标，因此应将师德纳入对教师的绩效评价中，制定合理的教师师德绩效评价制度。

（一）构建师德绩效评价制度的必要性

人生活在一定的社会管理制度中，制度不仅对人的行为进行约束，还对人的活动起着导向作用。

制度具有确定性，其能够将道德规范、道德目标转化为工作的具体要求。从某种意义上来说，制度是维护道德规范的手段。

制度具有管理功能，其本质是一种底线伦理。制度的有效实施与监督，能够保障人们遵循基本的伦理准则，从而为人们进一步遵守道德规范创造条件。好的制度能够为人们道德的形成提供良好的生态环境，进而催生道德。制度通过对个体提供外部约束和价值引导增强个体遵守道德的自觉性，教师在合理制度的引导下，能够将制度内化为个体遵守的职业道德，从而完成由他律到自律的转化。

绩效评价制度为教师绩效的实现提出了规范要求，对教师的行为具有导向作用。制定师德绩效评价制度能够将职业道德纳入教师的绩效标准，对教师的道德行为起到引导和约束的作用。

教师作为对职业情感有着高层次需求的特殊群体，有着强烈的成就动机和自我管理意识。教师的行为除取决于自我管理外，同样取决于环境制度设计和激励机制。师德绩效评价制度作为激励机制，能够为教师道德行为提供外部动力，使教师获得使命感、尊严感，从而更好地履行道德责任。

（二）明确教师道德绩效评价标准

对教师道德进行绩效评价，首先应有明确的评价标准。合理的教师道德绩效评价标准有利于科学评价教师工作，不合理的教师道德绩效评价标准则会影响教师的工作积极性。要构建合理的教师道德绩效评价制度，首先应明确教师道德绩效评价标准。

教师道德绩效评价标准与优秀教师的标准息息相关，其是教师绩效评价标准的重要组成部分。在教师绩效评价标准的制定过程中，不应只关注教师的业绩，而应考虑到教育过程，提高对教师的专业能力、职业道德、个体认知、生活志趣的重视程度。教师的职业道德并不容易量化，往往只能通过行为得以体现，因此教师道德绩效评价标准可以教育原则和规范作为道德行为标准，对教师职业行为进行评价考核。

此外，在对教师道德行为进行评价考核时，可以采取多元方式进行评价，如采取教师行为评价、学生评价、教师自评、师德理论考试等多种方式，以保证教师道德绩效评价标准的客观性。

（三）设计合理的师德绩效方案

在师德绩效评定过程中，如果绩效评定指标繁多，将不利于绩效评定结果的统计，因此应设计合理的绩效方案。绩效方案包括对指标的选择、对时间的安排和评价程序标准。

在选择指标时，最为重要的是确定关键指标。关键指标的数量不能太多也不能太少，可以限制在5~6个。关键指标应能够较为全面地涵盖教师职业道德行为，彰显教师的教育工作价值。此外，关键指标应具有可操作性，即关键指标应该是教师付出努力可以实现的指标。

在时间安排上，应提供明确合理的评价时间表。评价时间表是教师达到目标所需要的时间，教师可以根据评价时间表，调整自身所需要学习的职业道德知识、规范，并对职业道德行为做出具体规划。

在评价过程中，应对评级程序标准做出明确界定，让评价者根据程序标准，运用合理的手段评价教师，如评价者在教师教学时进行观察评价、教师自主完成教学计划档案袋等。此外，在师德绩效评价过程中，评价者不能过于频繁地收集信息，否则会使教师的正常教学工作受到干扰。

三、加强学校师德文化建设

环境能够潜移默化地影响人的思想、观念和行为，教师长期在校园中工作、生活，自然而然会受到校园文化的影响。加强学校师德文化建设，有利于推动教师精神文明建设，提高教师师德修养。

加强学校师德文化建设可从加强教师职业认同感、明确师德文化建设方向、营造师德文化硬环境、开展实践活动等四方面开展。

（一）加强教师职业认同感

职业认同感是指个体对所从事职业的目标、社会价值及其他因素的看法，与社会对该职业的评价及期望的一致，即个人对他人或群体的有关职业方面的看法、认识完全赞同或认可。职业认同感是教师专业发展的内在激励因素，其不仅关乎教师能力的培养，还关乎教师使命感、责任感的形成。

教师职业认同感形成的工作动力相较于外源因素更具有自觉性和主动积极性，且作用更为持久。由职业认同感所形成的职业道德意识、敬业精神等是其他培训的作用所无法比拟的。在学校师德文化建设中，可采取树立尊师重教的观念、关心教师生活、健全教师岗位激励制度等方式加强教师的职业认同感，促进教师师德水平的提升。

1.树立尊师重教的观念

教师职业认同感的提升是一个动态过程，培养教师的自我认同，应树立尊师重教的观念，营造尊师重教的良好氛围，使教师真正体会到自己是受人尊敬的，自己的劳动成果是有价值的。

树立尊师重教的观念可从学校管理者、教师、学生等三方面入手。学校管理者在管理教师时，不应将教师作为单纯的下属对待，而应尊重教师的心理需求，进行人性化管理，为教师创造愉悦的工作环境，增强教师的工作满意度。教师在与同事交流过程中，应相互尊重，保持职业神圣感，做到尊重他人与自尊。此外，应加强学生的尊师重教教育，教导学生尊重教师，让教师在日常工作中感受到尊敬，从而保持良好的心理状态。

2.关心教师生活

学校管理者应关心教师生活，不仅要考虑其社会需求，还要注重其心理需求。

在社会需求方面，学校管理者应为教师创造和谐宽松的工作环境和人际关系，关心教师的生活，关注教师的成长，建立公正、合理的教师评价机制，不断增强教师的工作责任感。

在心理需求方面，学校管理者应充分激励教师，肯定每位教师在学校中的地位，明确教师个体在学校教育工作中的不可替代性。随着教师需求的不断满足，教师对工作的满意度越来越高，职业认同感也将会提升。

3.健全教师岗位激励制度

激励是提高教师工作积极性的重要措施，健全教师岗位激励制度对提高教师职业认同感具有重要的现实意义。

教师激励可分为物质激励和精神激励。物质激励是最为基础的激励，适当的物质激励能够激发教师的工作动机，提高教师的工作热情；精神激励是层次较高的需求，包括人际关系需求、尊重需求、自我实现需求等，学校可通过择优进修制度、表彰制度等精神激励提高教师的工作满足感，调动教师的工作积极性。

（二）明确师德文化建设方向

在建设校园师德文化时，应明确建设方向，以先进的主流教育价值观引领师德建设的实践。

师德文化建设应坚持"树德树人"，以传承社会主义核心价值观作为主要内容，在教育教学中引领教师树立以促进学生全面发展、促进社会和谐发展为最终目标的正确教育观。

师德文化建设应设置合理的教育教学行为规范，帮助教师树立"以人为本""关爱学生"的教育观，潜移默化地影响教师的世界观、人生观和价值观。

师德文化建设应鼓励广大教师秉持中国特色社会主义理想信念，树立终身学习理念，积极踊跃地参与到教学工作中，自觉肩负起推动现代教育发展的责任和使命。

（三）营造师德文化硬环境

师德文化硬环境也称物质环境，其是表现师德文化显性特征的"文化载体"的集合。文化硬环境是师德文化活动得以正常开展的物质条件，包括基础文化设施、建筑设施等。

营造师德文化硬环境可以从办公室等基础建筑设施入手，注重办公室环境建设，营造良好的办公环境。例如，对办公室墙壁进行艺术设计，可张贴教师个人介绍、教师培训活动照片、教师师德要求横幅等；为教师提供书架，并在书架摆放教育教学杂志、师德类书籍等。

此外，还可在校园设置教师展览板，展现优秀教师风采风貌，塑造积极向上、以德树人的教师形象。

（四）开展实践活动

师德不仅体现在教师的职业道德思想观念上，还体现在教师的职业道德行为上。培养教师师德，不仅应从教师的思想观念入手，还应注重开展实践活动，通过实践活动提高教师师德的践行能力。

实践活动的形式多种多样，包括师德评比活动、师德教育实践活动等。师德评比活动是促进校园师德文化建设的重要举措，师德评比活动由学校发起，并定期举行，如开展"师德师风四评活动"、开展师德师风专项考核活动、评比优秀教师"师德标兵""师德先进个人"等。在师德评比活动结束后，可将评比优胜者相片及相关介绍在校园宣传橱窗展示，树立榜样，促进教师积极性和创造性的提高。

师德教育实践活动是在教育实践活动中促进教师师德的培养，学校可以规划部分师德教育实践活动，让学生感受到教师的关爱。教师参与到实践活动中，在提升自己的同时影响学生。学校可以开展敬老活动、为山区孩子捐书活动等，让教师与学生同时参与活动，教师要以身作则，为学生树立榜样，以促进学生身心健康发展。

教师的师德培养效果最终要在教学活动中对学生的品德和行为产生积极影响。教师在教学活动中不断提高师德素养，在教学实践中不断反思自我，从而加深对师德的理解，将师德融入教学的方方面面。

第二节 中小学骨干教师能力提高

中小学骨干教师能力结构由教学能力、德育能力、科研能力构成，其是中小学骨干教师在教育教学活动中顺利完成某项教学任务的能力基础。提高专业能力是中小学骨干教师培养的重中之重。

一、中小学骨干教师教学能力提高

教学能力是中小学骨干教师的核心能力，其包含教学基本功和教学技能等。教学基本功包括语言表达能力、板书能力、教学组织能力、教学反思能力、教学监控能力、教学评价能力，教学技能包括信息技术教学技能、专业教学方法技能等。

中小学骨干教师的教学能力可通过教育、实践、自我反思等三方面得到提升。

（一）通过教育提升

中小学骨干教师的教学能力的形成离不开大量教学经验学习、教学理论学习和教学技能学习。教师在对其他优秀教师的借鉴中学习教学经验，在教师培训和自我学习中学习先进教学理论。教师教学是骨干教师专业化发展的重要途径，在教师教学中开展培训活动，对教师进行教学理论课程教学、技能培训和经验传授，能够有效地促进教师教学能力的提升。

1.教学经验传授

教师教学经验是教师专业能力提升、教学个性形成的重要基础，教学经验的积累一方面源于教师教学实践，另一方面源于教师对其他教师的经验借鉴和学习。教师需要通过长期的教学实践才能总结出丰富的经验，而对其他教师的经验借鉴学习能够使教师在短时间内掌握大量经验，提高经验积累效率。因此，在教师专业能力培养中，应运用多种形式对教师进行教学经验传授。

在校本培训中，可采取教师听课评课、教师交流、名师讲座等多种活动形式，丰富教师借鉴、学习教学经验的途径。在教师听课评课活动中，教师通过听优秀教师的公开课，总结优秀教师教学方法，向本学科优秀教师学习相关经验。在教师交流活动中，教师通过与其他教师的交流探讨，分享教学经验，探讨教学问题的解决方法，在互帮互助中增长教学经验，实现共同进步。在名师讲座活动中，教师通过聆听优秀教师的教学经验，补充自身教学经验，从而实现不断提高。

在院校机构培训中，可采取导师帮带、专项课程等方式，向教师传授教学经验。在导师帮带活动中，教师将与导师结成组合，既可以通过观看导师课程学习经验，也可以向导师询问解决具体问题的教学经验。在专项课程中，教师可以通过课程学习获得解决具体问题的经验，这对教师实践能力的提升具有积极意义。

2.教学理论教育

教学理论教育能够使教师教学从经验层次上升到理性、科学的层次。先进的教学理论为教师的教学工作提供明确的方向，是教学活动的指明灯。教学经验通常并不成体系，教学理论能够支撑起整个教学框架，教师通过对教学理论的学习总结教学经验，使教学经验规范化、系统化、科学化，从而提升自身教学能力。因此，在教师专业能力培养中，应运用多种形式对教师进行教学理论教育。

校本培训多偏重对教师教学实践问题的解决，教学理论教育偏少。校本培训可通过集体学习、撰写学习报告、教师报告会等活动对教师进行教学理论教育。在集体学习中，可根据最新的教学动态，确定教学理论主题，让教师通过观看视频等方式学习最新教学理论观念。在集体学习过后，可要求教师撰写教学理论学习报告，并开展教师报告会，共同探讨学习中收获的教学理论知识。

院校机构培训较为系统化，教师可通过在院校机构研修等方式系统地学习教学理论。此外，院校机构可开设教学理论课程、教学理论讲座、教学理论专项培训等，为教师提供学习最新教学理论的途径。在教学理论课程中，可采取集中教学的方式，高效率地教授大量教学理论知识。在教学理论讲座中，可以根据最新的教学方向选定主题，邀请专业教授、名师进行讲授，帮助教师了解最新教学理念。在教学理论专项培训中，可以暑期、冬季夏令营等方式，对教师开展教学理论专项教育，并在教学活动后进行考核评估。

除校本培训和院校机构培训外，教师也应秉持终身学习的理念，时刻关注教育最新动态，可以在教师学习平台、网络平台等进行自主学习，提升自身教学理论水平，不断更新自身教学理念。

3. 教学技能培训

教学技能的培养是提高教师教学能力的必要前提，教师应先掌握教学技能，在对教学技能的使用和实践中，逐渐将技能转化为专业教学能力。教师对技能掌握的扎实程度和熟练程度影响着教学技能转化为实际能力的效率。因此在教师专业能力培养中，应采取多种形式对教师进行技能培训，提高教师教学技能的熟练程度。

在校本培训中，可通过教师基本功评比、教师教学规范要求等方式促进教师教学技能的提升。在教师基本功评比中，通过对教师语言组织能力、板书能力、教学组织能力等多项目的评估，进行教师基本功评比，促进教师不断提升自身教学技能水平。在教师教学规范要求中，对教师进行教学规范培训，对教师的板书、语言、课堂教学方法等做出具体要求，促使教师规范教学行为，从而提升教学技能。

在院校机构培训中，可通过课程培训、教师专项技能培训、教师基本功大赛等活动提高教师教学技能水平。在课程培训中，对教师信息技术、教学模式方法等培训，以帮助教师掌握信息技术教学能力和多媒体运用、教学设计等教学技能。在教师专项技能培训中，可对教师的板书、语言表达能力、讲台风格、课件制作等进行系统培训。此外，还可开设一些特殊技能培训以供教师选择，帮助教师掌握更多教学技能。在教师基本功大赛中，可设置教师板书评比、语言表达评比、课件评比、课程组织评比等项目，对教师的综合教学进行评比，促进教师不断提升自身教学技能水平。

（二）通过实践提升

实践出真知，实践出智慧。培养教师教学能力的根本目标是提升教师在教学活动中的实践能力，只学习、不实践，不过是"纸上谈兵"。教师教学能力的提升不仅需要不断学习，更需要在实践中不断探索。教师在实践中探索，不断尝试，敢于创新，并在实践中积累经验，才能成为教学工作的佼佼者。教师想要通过实践提升，应做到大胆实践、科学求证、善于总结。

1.大胆实践

大胆实践是指教师要具备自信和坚定的信念，敢于实践，善于实践。在教育教学工作中，部分教师学习先进的教育教学理念、丰富的教学方法后，却并不用于实践教学中。这一方面是由教师的经验惯性、经验惰性造成的；另一方面是教师考虑到教学效果，不敢用在实际教学工作中。这会造成教师虽然经过学习培训，但实际教学能力并未得到提升的情况。

教师应相信自身教学能力，将所学先进经验、理论运用在实践教学中，进行科学的统筹和规划，大胆实践，不要害怕失败，要在失败中总结经验，并不断改善教学方法，才能提升自身教学能力。此外，教师应克服经验惰性，不断做出新尝试，根据科学的教育教学理念改进自身教学方法，才能实现专业化发展。

2.科学求证

在教师实践过程中，大胆实践不意味着盲目实践，教师应对每位学生负责，对教学效果负责。教师在实践过程中，应以科学的教学理念作为导向，对教学活动进行设计和实践；对具体教学问题提出解决方案时，也应考虑方案的科学性和可实施性，从而提高教师实践创新质量。

此外，在教学实践中，教师应对拟解决的问题或想要达成的教学目标进行思考，并应设计完整的方案流程，采取多种方式保证教学方案的顺利实施。在教学方案实施后，对教学效果进行评估，科学地分析教学方案的有效性，并根据结果进行改良。

3.善于总结

总结能力是教师实践取得效果的重要保障，教师通过总结实践的成果和不足，提高实践的有效性。教师在实践中获得教学经验，对教学经验进行总结、思考，并将其转化为自身可用的教学能力。

实践活动总结包括实践活动流程总结、实践活动效果总结、实践活动优缺点总结等。教师应不断提升自身的总结能力，只有善于总结，才能够为后续的反思和实践方案改善奠定基础。

（三）通过自我反思提升

在教师专业发展过程中，无论是对教学理论的学习还是对教学经验的总结，都离不开自我反思，教师教学能力提升的重点在于反思。

教师的教学能力是后天形成和提高的，一方面来源于别人的直接经验、信息资料的间接经验，另一方面来源于教师自身的创新、在原有能力水平上的提升。自我反思帮助教师分析教学能力形成的障碍，通过排除障碍达到"开源"目的；帮助教师分析获取信息渠道阻塞的原因，通过打通信息渠道而达到"助流"目的。

教学能力是一个庞大的能力体系，由诸多单项教学能力组成。不同教师的单项教学能力强弱不同，教师可以通过反思分析自身的单项教学能力的强弱，并根据分析有针对性地提高自身能力，实现"扬长补短"。

此外，由于教师能力结构特征与实际教学情况不同，教师的教学能力在教学的效力和作用方面也不同。教师需要在实践中不断反思，通过分析和努力改善，让教学能力能够展现出高水平的教学效用。

二、中小学骨干教师德育能力提高

教师德育能力是教师高效开展道德教育所必备的知识、技能、技巧和活动方式的总和，其既包含认知成分，也包含实际操作成分。教师德育能力具体包括了解研究学生能力、心理健康教育能力、协调沟通能力、行为诊断与监管能力、指导学生品德发展能力、对学生综合评估能力、班级管理能力、教育机智等。

由于教师德育能力包含认知成分和实际操作成分，教师德育能力的培养可从提高教师德育认知水平和德育操作能力两方面入手。

（一）提高教师德育认知水平

提高教师德育认知水平，就要宣贯素质教育理念、增强教师德育意识、加强教师职业道德认知、培养教师道德敏感性。

1.宣贯素质教育理念

素质教育理念摒弃了传统教育重视知识传授的教育思想，并将教育重点放到知识向能力的转化及良好素质的培养上。素质教育理念是教师施行德育的理念基础，其要求教师不仅要会"教书"，还要能够"育人"。

提高教师的德育认知首先应转变教师的教育理念，对教师进行素质教育理念宣贯，让教师学习和接受素质教育理念，摒弃"向分数看齐"的教育理念，注重对学生道德品格的培养。

2.增强教师德育意识

教师德育意识指教师在日常教育活动中的"育人"意识。德育意识是教师从事教育活动必备的意识，是教师发展德育能力的前提和基础。

德育意识能够使教师重视教育的"育人"功能，自觉提高自己的人格魅力，并能够在教学过程中自然融入德育元素。提高教师的德育意识应从学校文化建设、教师评价制度等方面入手。

在学校文化建设方面，学校应确立正确的办学目标、办学理念和办学特色，将"德育"融入校园文化中，从而使教师受到学校精神熏陶，增强德育意识。

在教师评价制度方面，学校应将"德育"纳入教师评价标准中，对教师的"德育"行为进行要求和规范，从而引导教师增强德育意识。

3.加强教师职业道德认知

教师德育的本质是"以德树人"，因此应加强教师职业道德认知，让教师明确自身责任，肩负起学生品德素养教育的重担。加强教师职业道德认知一方面需要对教师的"德育"行为做出规范，另一方面需要加强教师师德教育，提高教师思想道德水平和人格魅力。

加强教师职业道德认知可从校本课程培训、院校机构培训等方面入手，帮助教师明确教师责任，提升教师职业使命感和责任感，培养教师以身作则的良好品格，增强教师学科德育意识。

4.培养教师道德敏感性

道德敏感性是教师对情境道德内容的察觉和对行为如何影响别人的意识，其本质在于对情境中道德成分的敏锐察觉和解释。

道德敏感性是道德想象能力和道德问题识别能力的结合。道德想象能力是领会事件道德特征和预知行为道德后果的能力；道德问题识别能力是对特定情境下的事件道德层面的价值认知。

教育场景中存在大量道德问题，教师道德敏感性的高低与教师的德育水平息息相关。在日常工作中，教师首先能够感受到道德问题，才能对学生实施教育行为，提高教师道德敏感性的重要性不言而喻。

培养教师道德敏感性应培育教师感知、理解和体察自己、他人及社会情感需要和利益的能力。此外应增强教师的亲和力，使教师多关注学生，提高教师利用道德理论分析教育问题的能力。

（二）提高教师德育操作能力

教师要提高德育操作能力，既需要进行理论学习，也需要进行实践操作，并使理论与实践有机融合。在中小学骨干教师培养中，可通过课程培训、教学实践提高教师的德育操作能力。

1.课程培训

要提高教师德育操作能力，既需要对教师进行德育理论培训，也需要对教师进行德育技能培训。德育理论培训包括德育原理、学科德育理论、教育道德理论、道德教育方法、心理健康教育等课程，为教师解决实际问题提供理论基础；教师德育技能培训则包括沟通技能培训、协调能力培训、班级管理能力培训等。

在师德理论课程培训中，除让教师掌握教育道德理论外，还应采用案例分析法、交流沟通法等提高教师对教学道德事件的具体分析能力，提高教师分析解决具体道德问题的能力。在案例讨论分析中，培训者应构建良好的讨论氛围，让教师能够如实表达观点，并与其他教师进行辩论，从而提高教师的分析推理能力。

在德育技能课程培训中，可通过对具体技能的培训，提高教师的沟通能力、班级活动组织能力、班级管理能力等。这些实践能力较为具体，且理论性较差，因此可采用多种授课方式，如班级管理经验传授讲座、班级管理经验交流、班级活动组织报告等。多种授课形式能够根据教师需求，帮助教师完善班级管理流程，通过借鉴、学习他人经验提升班级组织管理能力。

2.教学实践

教学实践是教师快速积累德育经验、提升德育能力的途径。教师在德育培训中学习德育理论和技能，并在教学实践中得到验证。在教学实践中，教师应善于组织德育活动，通过德育活动培养学生道德品格，提升自身德育能力；教师应将德育教育与学科教学相结合，促进德育教育与学科教学的融合，让德育教育融入教学的方方面面；教师还应该在德育教育结束后进行反思总结，在实践、反思、总结中提升自身德育教育实践能力。

教师通过对德育理论、技能的学习，可以获得一定的德育能力。教师在实际教学中应承担起德育任务，组织德育活动，通过对德育活动的组织提高对技能、理论的掌握程度，不断提高自身德育水平。

各学科教学本身包含许多道德教育因素，如化学课、物理课中科学家的生平、生活和科学态度，语文课中文学家的道德榜样作用，历史课中历史伟人的高尚品德与自律精神等。教师应善于发现德育时机，并结合学科教学进行德育教育，将学科教育与德育教育相融合，潜移默化地影响学生的道德品格。

此外，教师德育能力的提升离不开实践反思。教师应善于将德育理论运用到德育实践中，并在德育教育结束后进行反思总结，不断提升自身德育实践能力。

三、中小学骨干教师教育科研能力提高

教师作为一种创新性较强的职业，需要不断发展进步。教育科研活动作为创新活动，能够有效促进教师在实践中不断学习新知识、探索新发现，有助于促进教师专业能力的提升。教育科研活动对教师做出一定要求，即教师需要具备一定的教育科研能力。

教育科研能力是中小学骨干教师的必备能力，其是教师运用教育理论研究教育现象和教育问题，探索新的教育规律和有效教育方法，解决教育问题的科学实践能力。教育科研能力是一种综合能力，包含自我学习能力、选题能力、科研组织能力、科研成果撰写能力、科研成果推广能力等。

教育在教师培养过程中，可通过校本教研、院校机构培训、教研项目等培养教师的教育科研能力。

（一）校本教研

校本教研是将教学研究重点下移到学校，以教学目标为导向，以促进学生发展为宗旨，以课程实施过程中学校、教师所面对的具体问题为研究对象，以教师为研究主体，通过一定研究程序得出研究成果，并将研究成果直接应用到解决教学实际问题的研究活动。

校本教研的落脚点是帮助教师解决教学中遇到的实际问题，其与教学实践

紧密相连。在学校中开展校本教研有利于提高教师专业教学能力和专业水平，教师可通过校本教研，不断提升自身教学水平和研究能力。

校本教研具有校本性、实用性和开放性，校本性即校本教研将中小学作为教学研究基础，并从教育实践出发，通过教师的共同研究，解决教学问题，提高教育教学质量。实用性指校本教研是基于学校的教研活动，中小学教师通过校本教研审视分析教学实践问题，改进教育教学工作。开放性指在校本教研中，可以借助使用校外专业研究力量，通过协作解决学校问题。

校本教研通常由学校组织，学校可采取多种形式的活动组织教师教研，如专题研讨式教研、学术沙龙式教研、案例透析式教研、自修反思式教研等。

专题研讨式教研活动是指在备课、上课、课后反思等教学以及科研课题环节中，教研组长引导教师发现问题、提出问题，通过教研组集体探索实践和专题研讨，经过组内教师集体的思维碰撞后，提炼出解决问题的有效策略，使教研活动"专题化"。专题研讨式教研活动源于教师教学实践中的问题和困惑，其主题研究实用性较强，更能激发教师科研积极性。

学术沙龙式教研活动是学校根据教师兴趣、爱好和学习需求组织的教育教学研讨会，这种教研活动能够引导教师思考，开拓教师思维，加深教师对某种问题的认知，推动教师寻求更多教学策略。其活动结构是"确定主题—围绕议题、资料思考—交流探讨—分享观点"。在学术沙龙式教研活动中，应注重提高教师总结教学经验的能力，帮助教师养成搜集资料的习惯，指导教师归纳总结，提高教师的教研能力。

案例透析式教研活动指学校在一定研究目的和教学理念指导下，组织教师通过对典型教学案例的剖析和研究，让教师从中学习，并进行感悟和反思，从而提升教师的专业能力。在案例透析式教研活动中，可让优秀教师进行"专业引领"，组织教师就如何解决问题进行讨论研究，寻找解决问题的方法。

自修反思式教研是一种以自学和反思为主的教研活动，是教师对已发生的教学行为、教学活动的再认识、再构建。这种教研实质是教师的自发行为，教师通过自修反思式教研提升自身自主学习、自我反思的能力。自修反思式教研包括自主学习、教学后记、教学反思等几方面。自主学习是教师对教学理论、教学知识的自主学习；教学后记是教师在课后将成功经验、失败教训、教学感悟等转化为书面材料，通过"实践—认识—再实践—再认识"提高专业能力；教学反思是教师对教学活动的回忆、分析、比较、判断等的思考活动，教师反思自身教学行为，并通过反思不断更新自身教学观念、改善教学行为、提高教学水平。

（二）院校机构培训

院校机构培训是教师提升教育科研能力的重要途径。在院校机构培训中，通常采取课程培训、开展教研活动等方式提升教师的教育科研能力。随着我国教师教育的不断发展，"研训一体化"趋势逐渐明显。

"研训一体化"教师教育模式将实践、研究、教育融为一体，在教研中捕捉发现教师面临的共性问题，将共性问题作为科研课题进行深入研究，寻求解决措施，再将问题和解决措施设计成课程实施培训，在提高教师解决实际问题的能力的同时提高教师的教育科研能力。

"研训一体化"的教师培训工作围绕实际教学现场展开，打破传统的固定教学模式，采取灵活的培训组织形式。教师在培训学习中，不仅能够学到理论知识，还能掌握实际问题的解决方法，提高自身发现问题、解决问题的教育科研能力。

"研训一体化"的培训内容包括专题课堂讲授、案例分析教学、蹲点调查教学、课题研究教学等。

专题课堂讲授是根据学员需求，开设针对性较强的教学课程和专题讲座，如基础类课程，培养学员思维能力，培养学员资料搜集能力等。

案例分析教学指围绕一定教学目的，将教育实践中的真实案例加以典型化处理，供学员分析、思考和讨论。教研培训人员应注意引导学员从多方向、多角度分析案例，具体引导可分为三类：发散型引导，启发学员进行创造性思考，分析、思考问题的角度越多越好；对抗型引导，让学员在案例讨论中形成对立观点，在辩论中提高自身分析能力；总结型引导，引导学员通过案例讨论进行系统归纳和总结，将经验升华为理性认知。案例分析教学能够锻炼教师思维，提高教师创新能力、分析能力和总结能力。

蹲点调查教学是理论与实践相连接的综合培训活动，其指通过学员调查考察的方法，拓宽学员视野和思路，提高学员发现问题、运用教育教学理论分析问题和解决问题的能力。在蹲点调查教学中，应使学员明确调查目的，并做出详细的调查计划，带着问题进行调查和考察，防止教学过程变成一般性教育观察活动。此外，在考察活动开始前应督促学员做好准备工作，选择好调查对象，以保证蹲点调查活动的顺利进行。应要求学员在蹲点调查后撰写综合报告和专题研究报告，并参与总结交流活动。

课题研究教学是通过专项性课题的集体研究，提高学员课题设计能力和教育科研能力的培训活动。学员在课题研究教学中既可以进行理论学习，也可以系统总结自身教学经验，并根据专项课题与其他学员进行探讨交流，完整地走完课题研究流程，从而提升自身教育科研综合能力。

（三）教研项目

教研项目是骨干教师提升自身科研能力的重要磨炼途径。由于教研项目的发起者不同，因此级别不同，教研项目的难度也不同。学校、教育部门开展不同的教研项目，有利于鼓励教师结合自身教学实践进行教研，提升自身教研能力。

学校可通过成立教研组织等方式，将研究能力较强的教师吸纳进来作为中坚力量，引领其他教师进行教研项目研究，建立有效的教研团队。学校可以鼓励教师将教研成果发表到教师教研平台，并对参与教研项目的教师进行表彰，在提高学校影响力、建设学校特色教研文化的同时提高教师的教研积极性，实现高水平教师管理。

除学校教研项目外，教育部门教研室可与当地中小学合作，共同推出部分教研项目，鼓励骨干教师、优秀教师积极参与，通过周期性立项、研究、发表成果等，促进当地教育教学研究，提升当地中小学骨干教师的教研能力。

第三节　中小学骨干教师综合素养提升

中小学骨干教师综合素养包括知识结构、心理素养和生理素质等。教师综合素养是胜任教师岗位必不可缺的条件基础，提升教师综合素养是中小学骨干教师培养的重要内容。

一、完善知识结构

中小学骨干教师的知识结构包括教师学科专业知识、教学理论知识、教学实践知识、背景性知识等。在骨干教师培养中，应帮助教师掌握高深的学科专业知识、扎实的教学理论知识、丰富的教学实践知识和宽泛的背景性知识，完善教师知识结构（图3-2）。

图 3-2　中小学骨干教师知识结构

（一）高深的学科专业知识

学科专业知识是教师知识结构的主体性知识，其源于教师职前师范教育、大学教育和职后教育。在教师师范、大学教育中，教师可以较为系统地学习学科专业知识，构建学科专业知识体系。师范教育、高校教育对教师专业知识积淀尤为重要。

在职后教育中，教师可以通过教学实践、校本培训、院校机构培训、自主学习等方式学习巩固学科专业知识。

1. 教学实践

教师可以通过教学实践拓展自身学科专业知识，如在授课前进行备课活动，不仅需要对授课内容进行深入了解，还需要根据课程内容进行拓展。在这一过程中，教师需要对自身学科专业知识进行复习，并学习更多与课程相关的专业知识，拓展专业知识学习面，以能够更加科学合理地设计课程、清晰地教授课程知识、完美解答学生在课程学习中遇到的疑难问题。

此外，在教学过程中，教师通过不断为学生讲解课程、分析解题思路等巩固自身专业知识，加深对专业知识的理解认知，从而对专业知识的讲解愈加得心应手。

2.校本培训

在校本培训中，教师可以通过集体备课、集体教研等活动复习巩固专业知识，或通过与本科目其他教师进行交流学习，拓展自身专业知识。

3.院校机构培训

院校机构培训是教师深入学习专业知识的重要途径。在院校机构中，教师可以通过短期、长期脱产学习，加深对专业知识的研修，甚至可以进行学历提升。

院校机构培训课程类型多样，教师可以通过课程学习积淀学科专业知识，不断拓宽专业知识面。

4.自主学习

自主学习是教师职后学习学科专业知识的主要途径。教师在日常工作、生活中，通过观看网络课程、阅读书籍等方式学习专业学科知识，不断深入学习专业知识，从而积淀深厚的专业知识底蕴。

此外，教师还可以通过关注学科发展动向更新知识观念，在不断学习中完成自我提升，促进自身专业化发展。

（二）扎实的教学理论知识

教学理论知识包括心理学、教育学、学科教育、教学理论等内容，在教师知识结构中占据重要地位。其一部分是教师在职前教育中获得的，一部分是通过职后不断学习获得的。

教学理论知识是教师形成教学能力的基础，教师在师范教育中系统地建立了自身教学理论知识框架，在职后教育通过不断补充学习教学理论知识，促进自身专业能力的提升。

在职后教育中，教师可以通过教学实践、校本培训、院校机构培训、自主学习等方式学习教学理论知识，并通过实践将理论知识巩固扎实。

（三）丰富的教学实践知识

教学实践知识，顾名思义，是教师在教学实践中获得的经验知识，其包括教学方法运用知识、教科书处理知识、课堂管理知识、教师与学生交往知识等。

教师实际教学能力提升的关键在于对教学实践知识的积累。教师可通过职前实习、职后教学实践、他人经验传授等途径获得教学实践知识。

1. 职前实习

准教师（师范生）在成为正式教师前，通常会有半年到一年不等的实习期，这期间可通过在中小学实习获取实践知识，适应教师岗位。

2. 职后教学实践

教师的教学实践知识多来源于工作实践，通过实践教学不断累积教学经验，提升自身教学能力。由于实践知识无法形成理论，其更像教师在长久教学工作中收获的一种感知，教师可通过教学报告、教学笔记等将这种感知记录到书面中，在不断反思总结中将其转化为自身教学能力。

3. 他人经验传授

教师想要在短期内获得较多的教学实践知识，可以向其他教师请教教学经验。教师通常需要经历长久的实践才能获取丰富的教学实践知识，他人经验传授则更为快捷。但由于教学实践知识并不是都能够用语言表达，这种方式具有一定的局限性。

（四）宽泛的背景性知识

背景性知识是教师在长期生活、学习中获得的一般文化基础常识，其是指便于教师开展教育教学工作的非专业性知识的总和。骨干教师应具备宽泛的背景性知识，这能够使教师更容易获得学生的尊敬和喜爱，从而增强对学生的影响力。

宽泛的背景性知识一部分来源于教师的教育背景、教育经历，别一部分来源于教师职后不断的学习。宽泛的背景性知识要求教师拥有广泛的知识涉猎，教师应对各门科学文化知识都有所了解，这需要教师保持一定的好奇心，并具备不断学习、积极进取的精神。教师可以通过自主学习，补充自然科学、社会科学、文学艺术等方面的知识，拓宽自己的知识面。

二、提升心理素养

教师的心理素养是教师从事教育教学活动的基本保证，也是取得良好教育教学效果、促进学生心理健康成长必不可缺的条件。心理素养包括基本心理能力和特定心理素质，基本心理能力是教师适应教师岗位必备的心理能力，特定心理素质是教师具备的优秀心理素养。

（一）提升基本心理能力

教师基本心理能力包括角色适应能力、心灵感悟能力、情绪控制能力、心理承受能力、教育表现能力等。教师基本心理能力的提升是一个漫长的过程，这种能力的习得并不只依靠知识性认知，还需要教师有意识地控制自我，不断提升。

1. 知识性认知层面

知识性认知指教师对心理学知识的认知和掌握，包括心理调节方法、情绪产生原因、情绪控制方法等。教师想要提升基本心理能力，首先应具备一定的心理学知识基础，才能够科学有效地调节自身心理状态。

教师可通过教师培训、自学等方式获得心理学知识。院校机构等可以为教师提供情绪管理课程、心理健康类课程，帮助教师了解更多健康心理知识，掌握更多调节情绪、管控压力的方法。

2. 教师自我管理层面

在教师自我管理层面，教师可通过对心理学知识的有针对性学习和有意识运用，提升自身基本心理能力。此外，教师在提升基本心理能力时，应做到以下几个方面：

（1）强化职业意识。职业意识是教师对教师职业的看法和认知，通过强化职业意识和明确职业理想，教师将按照理想的教师角色不断塑造自己，从而提升自身角色转换能力。

（2）树立正确的职业价值观。职业价值观是教师对教师职业相对稳定、系统的评价。树立正确的职业价值观能够使教师承担起教书育人的责任，主动思考教师职业的责任，并以积极饱满的认知和职业情绪投入工作中，形成健康的工作心理状态。

（3）发展职业自信。教师在日常工作教学中面临各种各样的压力，职业自信能够帮助教师抵抗压力，使教师在遇到困难时自我鼓励，从而增强其心理承受能力。

（4）培养乐观精神。乐观是一种积极向上的心态，乐观的人能够建立积极预期，勇敢追求既定目标，积极处理困境。教师拥有乐观精神，能够主动接受失败、挫折，体会工作生活的积极面，从而用乐观自信的态度应对职业生活。

（二）培养特定心理素质

特定心理素质是教师优秀的心理特征，包含敏锐的观察力、丰富的创造力、广泛的兴趣、坚强的意志力、人格魅力等（图3-3）。

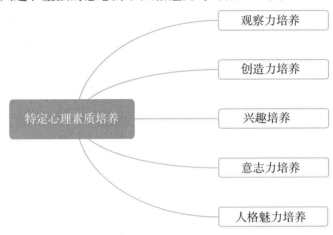

图3-3 中小学骨干教师特定心理素质培养

1.观察力培养

敏锐的观察力能够帮助教师捕捉学生行为信息，并通过信息抽丝剥茧，掌握学生的思想脉络，从而实现针对性教育。教师观察力培养是一项循序渐进的工作，教师可以通过确立观察目的、制订观察计划、根据现象探寻本质等三个步骤进行观察，并不断重复观察流程，提升自身观察力。

（1）确立观察目的。在教育教学活动中，必须有明确的观察目的和观察目标，才能将注意力集中到具体事物，从而抓住其本质特征。教师应有目的地观察，并对自己的观察行为提出要求，以获得观察的深度和广度。

（2）制订观察计划。如果在观察时毫无计划，教师的观察行为将所获甚少，因此教师在观察前应根据观察目的制订观察计划。通过系统执行观察计划，教师能够掌握观察方法，养成观察习惯。此外，教师可以通过写观察记录、观察总结等优化观察方法，提升观察能力。

（3）根据现象探寻本质。教师观察目的是探寻事物本质，因此教师应做到将观察任务具体化，从现象和细节中探寻事物本质。教师在观察行为结束后，需要对观察结果进行科学整理和分析，客观地将观察结果和其他研究方法所得结果进行比较，消除人为误差，并对观察结果进行科学评价，寻找规律性内容。

2.创造力培养

教师劳动是创造性劳动，优秀教师应具有丰富的创造力。教师创造力不仅体现在提出新的教学理论、教育观点和教学方法上，还体现为具有自觉的创新意识，能够在具体教学实践中不断尝试、总结、反思，不断突破自我，形成个人教学特色。首先，教师创造力培养应基于专业知识结构，合理的专业知识结构是教师创造力培养的基础。其次，教师应具备创新意识，即为解决某个问题或适应要求，将已知的知识和经验通过加工、改造和联想，组成适应要求或用途的新组合的意识。最后，教师应具有反思精神，在不断反思、实践、总结中提升自身创造力。

3.兴趣培养

教师职业特征要求教师具有广泛深厚的兴趣，教师的求知兴趣和对教育工作的兴趣，是教师胜任教育工作的重要动力。教师应激发自身求知欲望，多方面培养良好兴趣。教师在培养兴趣时，应做到以下几个方面：

（1）明确中心兴趣。教师的兴趣是多方面的，但应将自身兴趣分为中心兴趣和一般兴趣。中心兴趣处于兴趣主导地位，一般兴趣围绕中心兴趣发展。教师中心兴趣应建立在教育教学基础上。教师应将兴趣焦点对准学生，形成热爱教育、探究教育教学规律的中心兴趣。

（2）培养广泛兴趣。广泛兴趣能够使教师具备广博的知识，形成良好的生活志趣，树立积极向上的教师形象。教师应培养广泛的兴趣，不仅能够为学生解答疑难，还能够通过兴趣交流与学生沟通更为融洽。

（3）保持稳定兴趣。教师应保持持久稳定的兴趣，才能因兴趣而收获良多。频繁地转移兴趣，没有兴趣中心，则很难有较大收获。

（4）培养健康兴趣。教师应培养健康兴趣，健康兴趣既利于教师个性和人格的完善，也是教育影响学生健康成长的力量和手段。

4.意志力培养

意志力与人的性格、气质、所处环境等关系密切，意志力与先天遗传有一定关系，但更多是通过后天培养的。教师意志力培养可以从以下几个方面入手：

（1）制订计划并坚持施行。要培养坚定的意志力，教师首先应制订可行的计划，并养成自我检查、自我监督、自我鼓励的习惯，无论遇到任何困难，都要努力坚持完成每项计划，提高自身执行力。

（2）自我反思，磨炼意志。教师在面对困难时，不能冲动抗拒或消极回避，也不能将困难全部归结于外界因素，而应经常性自我反思，对自己的生活和工作进行审视分析，找出自身不足，分析背后原因。此外，教师应调整看待问题的角度，积极看待困境，将生活中的挫折当作对自身意志力的检验，通过面对挫折、解决困难来磨炼意志，培养坚毅果敢的品质。

（3）不断学习，超越自我。教师意志力培养一方面需要教师对工作生活进行深刻反思，一方面需要教师不断学习新知识、新技能，获得有力的精神支撑。教师的意志力与其文化内涵具有很大关联，教师在学习过程中获得自信和成就感，这种自信能够使教师获得更多的信念支撑。当面对挫折时，教师能够将信念支撑转化为坚定的意志力，勇敢地解决困难。

5.人格魅力培养

人格魅力是教师在性格、气质、能力、道德品质等方面具有的吸引人的力量，其产生的吸引力和感染力对学生的影响是巨大、深远的。教师可以通过人格魅力对学生产生强烈的感染力和号召力，从而对学生的成长产生影响。

教师的人格魅力并非天生具备的，而是在教育实践中锤炼自己、锻造自己，在不断自我完善中形成的。要培养教师人格魅力，可以从以下几方面入手：

（1）正确认识自我。教师首先应做到正确认识自我，具备分析自我、客观评价自身的能力。教师在自我认知中可以找到个人性格闪光点，并将其融入教育教学工作中，形成自身的教学魅力。此外，教师还可通过自我认知分析自身的不足，不断完善自身。

（2）坚持学习和实践。学习和实践是塑造教师人格魅力的基本途径，教师通过不断学习，对教学实践进行反思、总结、改善，从而培养教育智慧，增强自身人格魅力。

（3）保持热爱和宽容。教师的人格魅力很大一部分来源于教师对学生的宽容、爱护和对工作的热爱。教师应对工作生活保持热爱，以积极向上的精神状态面对学生，用教育激情感染学生，用爱和宽容教育学生。

第四章 中小学骨干教师培养机制完善

中小学骨干教师培养机制是培养中小学骨干教师应遵循的相应规律和规则。目前我国教师教育事业处于不断发展中，仍面临职前职后教育分离、教师素质尚待提高等挑战，中小学骨干教师培养机制也有待完善。完善培养机制包括合理统筹教育资源、建立科学培养制度等，其有利于推动我国中小学骨干教师培养工作发展，实现我国中小学优秀教学人才的高效培养。

本章将从课程培训、科学研究、实践提升、综合评价等四方面探究中小学骨干教师培养机制的完善，为我国提高骨干教师培养效率、健全教师培养机制提供借鉴。

第一节 完善课程培训机制

课程培训是教师教育的重要手段，在中小学骨干教师培训中，完善课程培训机制极为关键。教师培训课程根据培训途径可分为校本课程、院校机构课程、网络平台课程等，所有种类的课程共同促进了中小学骨干教师的成长。由于不同的课程培训具有不同特点，笔者将从校本课程、院校机构课程、网络平台课程三个角度，探究如何完善课程培训机制。

一、完善校本课程培训机制

相比院校机构培训而言，我国校本培训发展起步较晚。我国教师培训的传统方式是院校培训，但早期的院校培训有着脱离教师教学实践等弊端，出于对院校培训方式的反思，校本培训应运而生。

校本培训与教师的教育教学实践紧密相连，能够有效提高教师在工作中解决具体问题的能力。近些年，我国校本培训发展迅速，但仍存在发展不充分的情况，完善校本课程培训机制势在必行。

校本课程培训机制可从增强学校组织能力、规范校本课程培训、丰富校本课程内涵、加强地区学校交流等方面进行改善（图4-1）。

增强学校组织能力

规范校本课程培训

丰富校本课程内涵

加强地区学校交流

图4-1 完善校本课程培训机制

（一）增强学校组织能力

校本课程培训以中小学作为主要组织者，学校的组织能力对校本课程培训效果起到相当关键的作用。如果学校组织能力较差，往往导致校本培训流于形式等情况产生，因此应增强学校组织能力。

学校组织能力是根植于学校组织内部的团队整体能力，其既与组织架构相关，也与组织文化、顶层设计、整体氛围等相关。影响学校组织能力的因素主要有教师思维、教师能力和教师管理。教师思维指教师愿不愿意提升自我，投身于教育改革中；教师能力指教师有没有教育改革的能力；教师管理指学校是否允许教师改革创新，能否为改革创新提供适宜条件。

要增强学校组织能力，可以从改变教师思维、合理任用教师、构建教师自主发展管理体系等三方面入手。

1.改变教师思维

教师长期处于校园中，其思维深受组织文化、环境氛围影响，因此可通过文化建设改变教师思维。

最核心的学校组织文化是学校使命、学校愿景和价值观。想要培养教师不断创新、不断进步的意识，就要将创新改革精神纳入学校文化中，使教师明白自身使命，能够受到正确的价值观引领，从而改变自身思维，积极投身到学校建设中。

2.合理任用教师

合理任用教师指选用有能力的教师引领学校教学改革，负责教研、培训等管理事务。

包括校本课程培训在内的学校项目，其能否顺利完成不仅与全体教师的组织配合相关，还与项目负责人的能力相关。因此在人员任用方面，应选择组织能力优秀、个人能力较强、具有团队合作精神的教师作为主要负责人，与其他教师共同推进学校项目的进行。

3.构建教师自主发展管理体系

在实际学校管理中，部分学校会出现由于领导阶层固化、守旧等原因造成的管理组织僵化、教师自主管理权较弱的情况。为提高学校教师积极性、促进学校不断改革创新，学校应构建教师自主管理、自我发展的管理体系。例如，引入项目管理，高度授权，通过小团队来破解教育发展道路上的问题；在教师培训方面给予教师更多自主选择的权利，为教师创造自我发展的条件；建立大循环评价机制，鼓励教师改革创新等。

（二）规范校本课程培训

不同学校的校本课程培训情况不同，课程内容、课程质量参差不齐，要提高校本课程培训的质量，应使校本培训规范化。

笔者认为，校本课程培训流程的规范，不但需要学校自主管理，而且需要当地教育部门进行方向引领，使校本课程培训逐渐走向流程化，提高校本课程培训的效率。

校本课程培训的优势在于其与教学实践息息相关，能够解决学校切实存在的教学问题，每个学校情况不同，存在的问题也有所差异。因此教育部门应在尊重学校校本课程培训高度管理权的前提下，为学校开展校本课程培训提供一定规范。例如，规范本地中小学校本课程培训内容的大概方向，具体包括师风师德建设、教师专业发展、教师实践技能提升、教学问题聚焦等；为学校提供校本课程培训流程范例，规范校本课程培训流程等。此外，教育部门可通过精神奖励等方式鼓励学校开展校本课程培训，促进校本课程培训的不断发展。

学校可根据正确思想的引领进行教师教育，根据教育部门给出的校本课程培训大纲开展课程培训，不断优化本校校本课程培训流程，如制定切实可行的计划方案、明确学习时间的安排。培训课程内容可结合课程培训规范、学校及教师需求设计，并关注不同年龄、学科、层级、专业发展阶段教师的一般需求和特殊需求，有针对性地进行分层培训。

通过地方教育部门对当地中小学校本课程培训进行规范和学校自主优化校本课程培训流程，可以较为迅速地建立当地学校校本培训体系，为后续教师教育区域化发展奠定坚实基础。

（三）丰富校本课程内涵

目前我国校本课程培训仍处于发展阶段，部分学校的校本课程培训仍存在形式单一、教学手段单一、课程内容不够全面等情况，这在一定程度上影响了校本课程培训的有效性。要提高校本课程培训的有效性，应从教学形式、教学手段、课程内容等方面不断丰富校本课程内涵。

1.丰富教学形式

校本课程培训可采取多种教学形式，如名师讲座、交流报告会、实践活动、主题学习等，要通过不同种类的教学形式，提高教师学习积极性。此外，还可根据不同的教学目的、课程特点选择教学形式，以达到最佳教学效果。例如，教师实践经验学习可采用交流报告会等形式；教师师德培养既可以采取集中学习理论的形式，也可以采取案例研究等形式。

2.丰富教学手段

校本课程培训不仅需要丰富的教学形式，还需要采取多种教学手段。传统的讲授式教学方法不能充分调动教师积极性和主动性，因此应善用不同的教学手段。例如，用多媒体设备进行影像课程内容展示；在教学问题聚焦等课程中采取辩论研讨等方式；在教师德育课程中采取情境创造法，让教师融入教学情境，在情感体验中提升个人道德品质。

3.丰富课程内容

课程内容是校本课程内涵的重要体现，应丰富校本课程内容，提高校本课程培训的实用性、全面性。

在校本课程内容选择上，应包含理论与实践两部分，充分利用校本课程培训贴近教师实际教学工作的优势，提升教师实际教学能力。在校本课程设置上，应包含教育理论、科目教学理论、教育技术、职业道德、案例分析、班级事务管理、课堂管理等多种内容，满足教师提升教学能力、实现专业化发展等多种需求。

（四）加强地区学校交流

由于不同学校的师资力量、教学情况不同，而单个学校培训资源有限，因此应加强地区学校交流，建立校际合作平台，共同提高校本培训效果。

同一地区有师资力量较强、师资力量一般、师资力量较弱的学校，条件不同的学校校本培训方式也具有差异。例如，师资力量较强的学校往往经济实力也比较强，因此可以采取远程教育、聘请名师等方式提高学校教师教学水平；师资力量一般的学校可以找寻本校优势学科，以优势学科为基础带动学校教师的整体发展；师资力量较弱的学校校本课程培训条件较差，靠校本课程培训无法解决问题，通常由教师自主学习，提升教学水平。

建立校际合作平台，可以采取同一地区强校、弱校联合等方式，如弱校教师到强校进行交流、学习、培训等，促进该地区学校校本课程培训的发展平衡。此外，还可建立校际培训平台，通过资源共享等促进该地区教师的专业化发展。

二、完善院校机构课程培训机制

院校机构课程培训是我国中小学骨干教师培养、教师专业化发展的主要途径，其既包括师范院校、教师教育基地等，也包括部分未与师范院校合并的区县级教师进修学校。近年来中小学教师职后教育逐渐完成与师范教育的顺利接轨，我国教师院校机构仍处于改革进程中，完善院校机构课程培训机制是我国教师教育事业发展的必经之路。

院校机构课程培训工作的有效性不仅直接关系到受训教师的专业素质能否得到有效提升，还关系到我国中小学骨干教师的培养效率。完善院校机构课程培训机制可从细化培养目标，优化课程体系，构建职前、职后教育衔接课程体系等几方面入手：

（一）细化培养目标

培养目标是人才培养、课程体系构建的指明灯。中小学骨干教师的培养目标是培养一批掌握先进教学理念和教学方法，具备良好的师德、相对优异的职业素质和综合素质能力，在教育教学工作中能够发挥骨干力量的教师。中小学骨干教师的类型不同，能力结构、素质结构也具有一定差异，为培养多类型中小学骨干教师，应树立精细化培养的理念，细化培养目标，深入了解中小学对骨干教师人才的需求，建立精细化的培养目标体系。

中小学骨干教师包括班主任型骨干教师、科研型骨干教师、学科优秀教师等。中小学骨干教师的定位不同，成长方向也有差异。中小学骨干教师成长会经历准备期、适应期、发展期、创造期等不同时期，不同成长期的中小学骨干教师需求也有一定差异；由于不同地区教育发展水平不同，不同地区的教师整体素质也有一定差异。院校机构可根据中小学骨干教师类型、中小学骨干教师成长特点、地区教师发展需求等细化培养目标，以达到中小学骨干教师培养的科学化、精细化。

（二）优化课程体系

明确精细化培养目标后，应根据培养目标优化课程体系。课程体系优化包括细化课程目标、优化课程结构、完善课程内容、健全课程考核机制等。

1. 细化课程目标

课程目标是课程要实现的具体目标和意图，如通过课程学习后，学习者在品德、素质、能力等方面期待实现的程度，其是指导课程构建的关键准则。课程培训是教师培养的重要手段，细化课程目标是将培养目标落到实处的有效途径之一。

对课程目标的设置应参考不同类型、不同成长期骨干教师的能力素质结构，并根据实际情况制定合理的课程目标。例如，在师德师风培训、职业道德培养的课程中，不仅应关注教师道德提升，还应关注教师的实践德育能力提升；在培养青年骨干教师时，应针对青年教师常面临的阶段性、共性问题开设课程等。

2. 优化课程结构

构建课程体系是指优化知识、素质、能力结构，重新构架知识间的联系，以及知识与素质、能力之间的关系。课程结构是课程体系的骨架。课程结构分为横向关系和纵向关系，横向关系是指在同一层次课程间建立课程模块，纵向关系是在不同层次课程间建立课程串。

首先，优化课程结构时应注意各类课程关系，合理确定各类课程的组合方式和课程时长。在课程组合方面，应明确培养目标与课程设置之间的对应关系，针对不同的培养目标设计不同的培养方案，并根据不同类型中小学骨干教师所需培养的核心能力组合课程；也可根据不同项目的培训目标进行合理组合，有针对性地培训教师。在课程时长安排方面，应考虑教师培养的实用性特点，注意实践类课程与理论类课程的课时安排，根据课程目标合理安排不同类课程的课时。

其次，面对不同层次的课程，优化课程结构时应构建课程串。如同一主题课程，对不同水平的教师可以设置不同难度，如初阶版、进阶版、高阶版，以保证课程的有效性和实用性。

3. 完善课程内容

中小学骨干教师培训内容根据中小学骨干教师培训目标和培训要求进行设计，可分为系统培训、课题研究、教学考察等三部分。系统培训采取教师集中学习的方式，是培训的主要内容；课题研究目的是使教师将学过的理论、方法与教学实践相结合，有目的地实施教改实践或进行教育科研，帮助教师提高科研能力，成为研究型教师；教学考察目的是使教师扩大视野，了解教学动态，学习先进教学理论和经验。

系统培训作为主要培训内容，可以分为思想政治教育和师德修养、教育教学理论、学科前沿知识和综合型知识、教育教学研究、现代教育技术、教育科研等六个模块。中小学骨干教师的培训课程应围绕这六大模块进行设计，提高教师的综合专业素养。此外，为提高课程的针对性和实用性，还应增加更多以解决问题为中心的培训内容，以帮助教师切实解决实践中遇到的问题。

课题研究部分由教师在教学工作中完成，教师可以在教学实践中进行教育科学研究，并在专家导师的指导下走完整套科研流程，形成教改实验报告或科研论文等。

教学考察是指组织教师到进修学校所在地区有代表性的教育教学示范点进行交流学习，一般会延续半个月的时间。教师通过交流考察，加强与外界的联系和信息交流，并对学科改革的热点、难点进行研讨，从而为教育科学研究奠定基础。

4.健全课程考核机制

为保证骨干教师培训的有效性，应健全教师培训考核机制。教师培训考核可采取多种考核方式，对系统培训、课题研究、交流考察等三部分培训进行考核。

系统培训理论内容较多，可在每门课程培训结束后安排考试环节，对教师的课程学习情况做出整体评估。此外，还可加入教师自评内容，让教师对自身的学习情况做出评价。

课题研究和交流考察部分需要根据流程规范进行考核，由导师对教师的科研过程、研究成果、交流报告等进行评估，综合评价教师表现情况。

系统培训评估需要制定教师考核合格标准，要求教师完全达标，课题研究和交流考察部分则对教师做出综合评价，作为评优参考标准。

（三）构建职前、职后教育衔接课程体系

目前我国教师职前教育、职后教育处于分离状态，为促进职前、职后教育一体化，院校机构应构建职前、职后教育衔接课程体系。笔者认为，高校毕业生在正式从事教师行业前，应接受系统的入职培训，帮助准教师掌握教学基本功，减少适应教师岗位的时间。

中小学能够为新教师提供的入职培训资源有限，区域教师教育院校可同意为即将入职的教师提供入职课程培训。衔接课程体系可包含课程、实践两大模块。课程模块由经验丰富的教师为同科目、同学段准教师传授备课、授课经验，训练教学基本功，教授科目教学技巧，并针对实际教学常见问题进行解答。实践模块由准教师在教学基地进行模拟课程、实践教学等，适应教师工作内容。

三、完善网络平台课程机制

网络课程是常见的教育资源，其能够减少教育资源共享的成本，促进区域教育平衡。网络课程学习是教师专业化发展的重要途径，完善网络平台课程机制能够为教师提供更多高质量的教育资源，并通过资源共享促进落后地区中小学教师专业成长，提升落后地区中小学教育教学质量。

完善网络平台课程机制包括构建教师教育课程网络平台、开发网络课程、规范网络课程制作等。

（一）构建教师教育课程网络平台

教师教育课程网络平台是实现课程资源共享的基础，地区教育部门可与当地教师教育院校共同合作，构建教师教育课程网络平台。

教师教育课程网络平台应具备上传课程、观看课程、教师交流区等功能，并通过不同模块划分，为不同科目、不同学段的教师提供合适的课程资源。平台具体可分为课程模块、交流模块、教育科研模块等。课程模块可分为教育教学热点、教师专题教育、教师教育理论、教师基本功、学科前沿知识、师风师德建设、教育教学技巧等几大部分。教师可在课程模块查找适用的课程资源并进行观看学习。交流模块是教师进行交流研讨的模块，教师可在交流模块进行话题讨论，如根据教学实际问题、网络课程内容进行探讨，相互交流看法，分享教学经验。教育科研模块可以发布地区科研项目最新信息，为教师提供科研论文、科研成果发布平台等。

教育部门通过开发课程平台，能够整合地区教师教育课程资源，为教师专业化发展提供更为优质的教育资源。

（二）开发网络课程

网络课程的开发可由教育部门、中小学、院校机构等共同开发。

教育部门可通过与其他地区交流合作，引进更多优秀的课程资源；也可成立项目，与当地名师、专家共同开发课程，打造地区教师教育精品课程。

中小学应积极探索校本培训课程，针对学校实际教育教学问题，进行研讨并开展教育专题类课程，在解决学校问题的同时，构建特色校本课程，打造学校教育品牌。

院校机构可将教师培训类课程转化为网络课程资源，充实当地课程网络平台资源库，为教师提供更为便捷的学习途径。

（三）规范网络课程制作

为保证网络课程质量，应规范网络课程制作的内容、流程，并对多途径提供的网络课程进行审核，审核通过后才能上传到平台。

平台应要求课程设计者在制作网络课程时，遵循以下基本原则：信息准确恰当、注重课程适用性、符合认知规律、符合教育主题。

信息准确恰当指课程内容不能出现谬误，应做到语言简洁、内容充实、便于观看学习。

注重课程适用性指以不同教师群体作为受众时，应注重课程的适用性，让目标学习群体能够从课程中学到自己需要的内容。

符合认知规律指课程内容组织应符合学习者的认知规律，便于学习者整体把握课程结构。网络课程设计者应提供多层次、多种形式的学习内容，并提供有效的测评手段。

符合教育主题指设计课程内容时，不能偏离教育主题，以便后续分类上传。

此外，平台还应规范不同模块课程内容方向，并对课程设计流程、课程形式等做出详细规范，以避免网络课程资源质量良莠不齐，影响教师观看学习。

第二节　完善教育科研机制

教育科研是提升中小学教育质量的有效手段，教育科研能力是骨干教师的必备素质。随着教育改革的不断深入，我国中小学教师参与教育科研的积极性越来越高，教育科研成果越来越多。但是目前我国的中小学教育科研发展仍面临不少挑战。例如，教育科研成果多为教师经验总结，理论性、系统性不足；教师整体教育科研能力有待提高等。

要提高我国中小学教师教育科研能力，促进我国教育科研事业的有效发展，需要不断完善中小学教育科研机制。完善教育科研机制，可以从完善校本教育科研管理、建立区域教育科研共同体、完善教师帮扶机制、创建微型课题群组、挖掘中小学教师教育科研智慧等几方面进行。

一、完善校本教育科研管理

校本研究是我国中小学教师的重要教育科研途径，学校的教育科研项目组织管理能力对教育科研活动来说尤为重要，完善校本科研管理是提高教育科研效率的必要策略。学校可通过完善教育科研组织管理、创新教育科研管理方式、提升教育科研管理者能力、强化中小学教师教育科研意识等方式完善校本教育科研管理。

（一）完善校本教育科研组织管理

管理工作的顺利开展需要健全的规章制度，因此教育科研管理的首要任务是制定完善的中小学教育科研规章制度。涵盖面广、系统性强的教育科研管理制度，一方面有利于教育科研机构的成立，能够保证教育科研活动的有序性、条理性和高效性；另一方面有利于教育科研队伍的建设，有助于管理人员对教育科研活动环节进行明确规范，如对教育教师科研题目的审批、实施、检查、奖励、推广等。

健全的规章制度应对相关人员岗位职责、纪律、评估、奖惩等进行详细的说明，从而防止含糊不清、权责不明的情况出现。其能够使教师与管理者对教育科研工作有更加明确的认知，从而保证教育科研活动的顺利进行。

完善校本教育科研组织管理是一个长期的过程，学校应结合当代教师管理需求和教育科研项目管理特点，及时修订教育科研管理制度，保证教育科研规章制度与时俱进。

（二）创新教育科研管理方式

在完善校本教育科研组织管理的基础上，还应创新教育科研管理方式。创新教育科研管理方式能够有效提升教育科研管理效率。学校可通过借鉴优秀管理方式、结合其他领域理论等创新教育科研管理方式。

1.借鉴优秀管理方式

国内外不少优秀中小学的教育科研管理方式都值得借鉴。例如，按学年学科活动的特殊性进行分类组织开办研究活动，保证研究课题的贴合性；或发挥校长的示范作用，充分发挥校长牵头教育科研管理的优势等。

2.结合其他领域理论

教育科研管理属于管理类工作，其可以与领导权变理论、期望理论、大数据挖掘分析技术等相结合，通过学科交叉优势开创更多管理方式。例如，教育科研管理与领导权变理论相结合，有利于提高人、物、时间、空间等资源的利用效率；教育科研管理与期望理论相结合，能够使管理方式更加人性化和科学化，更具实践性；教育科研管理与大数据挖掘分析技术等相结合，能够将大数据引入渗透到教育科研信息管理，充分发挥大数据优势，全面提升中小学教师的辨析能力，切实优化中小学教育科研管理决策。

（三）提升教育科研管理者能力

管理者是教育科研管理工作的主要实施者，提升教育科研管理者能力是提高校本教育科研管理工作效率的有效手段。

首先，教育科研管理者应充分了解中小学教师的教育科研工作内容，明确学校长期发展的方向和创新目标。其次，教育科研管理者还应懂得管理创新方式的重要性和必要性，具备落实国家、地方、学校发展相关政策的能力。此外，教育科研管理者应具备教学科研成果推广和应用的意识，能够对教师教育科研情况进行及时跟进和指导。在管理过程中，管理者还应做到奖惩分明、评价合理。

中小学教育科研是系统性工程，管理者应对其施行科学的动态管理，落实好科研管理的每一个环节。此外，因教育科研活动每个阶段重点不同，管理者应提高对教育科研过程的重视程度，为中小学教师教育科研活动提供合适的条件与帮助。

除校内的教育科研管理工作外，教育科研管理者还应加强与校外教育科研机构的合作，发挥多主体合作作用，共同推动我国教育科研事业的发展。

在自我提升方面，教育科研者应提升自身教育科研素质，注重自身执行力与组织管理能力的磨炼，多学习借鉴国内外优秀管理经验，在自我提升的同时促进本校科研工作的开展。

（四）强化中小学教师教育科研意识

教师是开展教育科研工作的主体，教师的科研能力是教育改革成功的关键点。中小学教师的教育科研能力与其专业素养、教育科研意识、教育科研技能等息息相关。

1.提升教师专业素养

专业素养是中小学教师进行教育科研活动的基础，其包括教师知识结构、教育能力等。教师教育素养可通过自主学习、教师培训、教学实践等方式实现。学校应重视教师教育素养的提升，为教师提供更多的培训机会，促进教师专业化发展。教师应不断加强教学理论学习，夯实自身专业知识，不断更新自身知识结构。

2.提高教师教育科研意识

要提高教师的教育科研能力，首先教师应对自身教育科研能力有整体认知，这需要教师具备一定的教育科研意识。教师应明确教育教学与教育科研的重要联系，不断加强自身教育科研意识。

在日常教学中，教师不仅应将课堂教育作为立德树人的主要渠道，还应不断改进自身教学方法，主动参与教育科研活动，寻找解决教学问题的方法。此外，教师还应注重教学反思，在教学反思中提升自身发现问题、解决问题的能力，从而强化教育科研意识。

3.提升教师教育科研技能

教育科研是研究者有目的地运用一定研究方法，遵循一定研究程序，有计划地搜索、整理和分析相关资料，从而揭示教育规律，发展教育知识体系的科学认识和实践活动。因此教育科研是一项技能性较强的活动，提升教师的教育科研技能是非常有必要的。

中小学教师的教育科研技能培训应在不同层面、不同层次、不同方向、不同内容上进行开展，以解决教师"为什么研究、研究什么、怎么研究"等一系列问题。在中小学骨干教师教育科研培训中，应开设与教育科研流程相关的实践课程，以帮助教师明确教育科研活动流程规范，提升选题能力、信息整理能力等综合教育科研能力。此外还应建立教育科研课程机制、课程保障机制等，以落实培训环节，有效提升教师的教育科研能力。

教育科研技能培训能够从根本上解决选题不准确、概念界定不清晰、研究过程不够科学等问题，促进中小学教育课题研究，向着设计方案严密、研究方法可靠、数据准确、分析合乎逻辑的方向发展，从而使课题研究成果对推动教育教学工作开展有更多参考价值。

二、建立区域教育科研共同体

在中小学教师教育科研过程中，常会遇到研究结果不准确、感性经验无法上升到理论层次、研究结果难以与现实问题发生直接关联等问题，这些问题多由教师个人科研能力有限造成。为解决教育科研问题，有效提升教师教育科研能力，可以建立区域性教育科研共同体，营造良好的教育科研氛围，给教师足够的时间、空间从事教育科研工作，从而实现教师的互相促进和共同发展。

区域教育科研共同体可由专业教育研究者、一线中小学教师共同参与。在区域教育科研共同体中，中小学教师能够提升自身解读、开发和利用教育科研知识的能力，强化自身教育科研意识，提升教育科研能力；专业教育研究者能够实现对基础理论和教学实践的共同关注，深入了解一线教师的日常教学行为，准确把握实践中的真实问题，并在此基础上深化理论研究。

区域教育科研共同体加强了专业研究者和教师的深度合作交流，通过共同展开教育科学研究，教育专业研究者能够了解教学实践，从而完善教学理论；一线教师能够提升教育科研意识与教育科研能力，为解决实际教学问题奠定坚实基础。

三、完善教师帮扶机制

随着我国教育改革进程的不断前进，我国教育事业对中小学教师提出更高的要求。中小学教师需要不断学习，提升自身专业能力，加强教育科学研究。教育科学研究工作成为教师工作必不可缺的一部分。

教师专业能力的提升一般会经历三个阶段：第一阶段，教师较为注重提升基本教学技巧，以研究怎样教课为主；第二阶段，教师注重探索如何提升教学效果，以研究怎样教好学生为主；第三阶段，教师注重对教学经验、教学理论技巧的有机结合和不断探索，能够通过教育科学研究形成新的教学理论，并用于指导教学实践。教育科学研究工作既是到达第三阶段、实现教师高阶发展的动力源泉，也是解决教师职业倦怠的有效手段。

相较于教育科研者、专家，中小学教师长期在一线教学，具备独特的教育科研优势。我国中小学教育科研的主体是中小学教师和专家学者，长期以来，造成"中小学教师没时间做教育科研"观念的主要原因，是教师教育科研的责任被忽视。因此，应充分发挥中小学教师的主观能动性，使教育科研工作明确地成为中小学教师的工作任务。

为推动中小学教师教育科研工作的顺利开展，可以使教育科研专家、教授、学者走进中小学，完善教师帮扶机制。通过教师帮扶机制，专家学者可以普及教育科研知识，指导中小学管理者和教师，从教育科研知识入手，寻找共性问题并凝练为课题，促进教师教育科研能力和学校教学水平的提高。

教师帮扶机制能够通过"大手拉小手""理论找实践"等方式营造中小学

教育科研氛围，充分发挥中小学教育科研优势，是教师提升教育科研能力的有效途径。

四、创建微型课题群组

在中小学教师教育科研中，常会出现教师不能将实际问题与理论相联结，建立必然的逻辑关系的情况。针对这种情况，可以建立微型课题群组，教师彼此交流合作，通过教师的共同努力加以解决。

天下难事，必作于易；天下大事，必作于细。就教师层面而言，可以根据自身在教育教学实践中发现的问题，以微观问题作为抓手，申报低阶课题，通过不断经历教育科研的完整流程提高科研能力。当具备一定经验后，可以研究较为宏观的问题，并申报高阶课题，不断提高教育科研质量。

就学校层面而言，可以在学者、专家的指导下，将学校研究课题分解为多个子课题，再将每个子课题分解为具体的微型课题。微型课题的研究内容较为微观，通过教师研究能够显现出具象化的成果。而后，学校可以聘请教育科研专业人员，重新整合不同角度、不同内容的微型课题，使其更为系统化，形成微型课题群组。中小学教师可以将微型课题作为切入点，对教育教学的具体问题进行研究。对不同群组不同微型课题的研究，将会呈现出聚沙成塔的效果，从而凝练出学校层面的总课题成果。

创建微型课题群组进行研究，既能够培育教师科研队伍，也能够使学校课题研究成果更加真实丰满。

五、挖掘中小学教师教育科研智慧

中小学教师的教育科研是从实践经验上升为理论，又通过理论指导实践的自我升华，这能够彰显中小学教师的科研智慧。这种实践与升华能够有效提升教师专业能力，因此中小学教师应积极投身到基于教育教学实践的课题研究中，并在实践中总结归纳出新的教育教学理论。

一些中小学教师由于时间、自身水平等限制，无法快速形成理论。教师可以在实践中提升自身能力，从模仿开始，在模仿中探寻规律，在不断探索中形成自身特点。因此，营造中小学教师积极投入教育科学研究的氛围，让中小学教师从时间经验的总结上升为理论，再用理论指导实践。这不仅是提高中小学教师课题研究能力的策略，还是凝练中小学教师教育科研智慧的有效途径。

中小学教师的主要优势是教育教学经验丰富，主要瓶颈是教育科研专业知识和学术能力不足。因此中小学教师的教育科学研究应立足实践，通过实践掌握基本研究方法，不断提升自我。

挖掘中小学教师的教育科研智慧，能够提升教师的教育科研能力和教学水平，使教师更好地服务于教育教学事业。

第三节　完善实践提升机制

中小学骨干教师培养包括教师专业知识、专业技能、专业素养的培养，其与教师专业化发展息息相关。教师专业化发展需要教师投身教学实践，在教学实践中体会感悟，不断提升，教学实践是教师成长发展的关键环节。

要提升中小学骨干教师培养效率，应完善教师实践提升机制。具体可从规范教学实践流程、促进实践和培训一体化、开展多种实践活动等三方面入手。

一、规范教学实践流程

教学实践流程包括备课、课堂教学、教学反思等一系列有组织的教育教学环节。规范教学实践流程能够为教师提供教学常规标准，避免教师出现教学随意性较大的行为，实现学校教学管理的规范化、制度化。

规范教学实践流程是维持正常教学秩序、提高教育教学质量的重要举措，其对教师的专业化发展具有积极意义。传统的教学流程管理重视操作的规范与要求的统一，如统一教学内容、统一教学要求、统一重点难点、统一教学进度、统一作业练习等。这虽然提高了教学流程的规范性和教学管理效率，但在一定程度上也制约了教师个人创造性发挥，使课堂失去了应有的生机与活力。随着课程改革的推进，中小学教师不再是课程计划的被动执行者，而是课程的设计者、执行者、参与者、管理者、协调者和评价者，这对教师的专业能力提出更高要求。为培养适应时代发展的优秀教师，学校应制定满足教师发展要求、适应教育改革的教学实践流程规范。针对常见的教学实践流程，学校可采取以下规范。

（一）加强备课管理

备课是实施教学实践的重要环节，学校在对备课环节进行规范时，应把握"目标追求统一与教师个性创造结合"的原则，对不同发展阶段的教师做出不同备课要求。例如，对新教师要求备课内容合乎规范、课程设计紧扣主题；对经验丰富的教师要求备课要有新意，在集体研究基础上具有个人特色等。

在具体备课实践中，学校应组织教师采取集体备课等方式，在宏观层面对课程教学目标、教学内容以及时间安排进行规划，把握教学质量；在微观层面对课堂教学内容、教师资料、作业内容等进行规划，保证教学的有序性。

（二）关注教学实施过程

在课程教学实践中，学校应要求教师对学科内容研究做到贯彻课标要求、领会编写意图、吃透教材内容。此外，还应要求教师根据学生具体情况，灵活处理教材内容。学校可以围绕教学课堂组织开展教研活动，如探索学科教学与学生德育的融合、学科教学与现代信息技术融合等，营造实践研究氛围，并引导教师将研究探索转化为可操作的教学实践，提高教师教学水平。

由于教师面临的教学情景不同，教师教学能力和教学特点也具有差异性，因此学校不能用统一的标准衡量教师的教学过程。学校在关注教学过程时，应以教师教学能否适应、影响、引领学生发展作为标准。这期间应充分发挥学校优秀教师和学科带头人的经验智慧，组成教学导师团，针对不同年龄段学生的特点和不同类别教师的特点，开展诊断性听课、指导性听课、提高性听课等不同形式的课堂教学督导行为，帮助教师提升教育教学能力。

（三）固定教学反思流程

教学反思是教师在教学实践中不断提升的关键，学校应将教学反思流程固定化，要求教师养成日常教学反思的习惯。

学校可通过要求教师撰写教学日记、记录教学实践等方式培养教师的反思习惯。此外，还可以对教学日记的内容、规范做出要求，促进教师对自身教育行为进行反思，并在反思中明确发展方向，实现快速发展。

二、促进实践和培训一体化

教学实践、教师培训是教师培养的重要途径，教师在教师培训中学习先进的教育理念、教育教学理论、学科知识等，在教学实践中将理论性知识转化为实际教学能力。教师的专业发展是教师将理论与实践融会贯通的过程。促进实践、培训一体化，能够有效提升教师实际教学能力，提高教师培养效率。

教师培训分为职前培训和职后培训。职前培训和实践一体化有利于准教师顺利适应教师岗位，培养实践教学能力；职后培训和实践一体化有利于教师快速将新学的先进理念、教育理论运用到教学实践中，提高教师培训的有效性。

在促进职前培训和实践一体化时，可将教学实习、教学见习融入师范生的高校学习中，并设计课程学习环节与实践学习环节，帮助师范生在学习教育教学理论的同时掌握基本教学技巧，培养其一定的教学能力。

在促进职后培训和实践一体化时，可采用固定培训模式，如理论学习—教学实践—总结汇报—理论学习等，让教师在集中学习理论后，将理论运用到实践中，并进行总结汇报，而后再次深入学习理论。这种培训方式能够帮助教师找到理论与实践的结合点，不断提升自身专业能力。

三、开展多种实践活动

教学实践活动是教师不断完善自我的有效途径，学校可通过开展多种实践活动，帮助教师累积更多实践经验。

教学实践活动包括听课、评课活动，教师评比活动，教师交流活动，教师德育活动等。在听课、评课活动中，教师能够提高自身对课堂的认知能力和评价能力，借鉴他人经验，发现自身不足，并在反思中提高自身专业能力；教师评比活动能够激发教师积极性和进取精神，肯定教师努力成果，为教师树立榜样，帮助教师明确前进方向；教师交流活动有利于教学经验的传播，能够促进教师相互学习、相互合作、共同进步；教师德育活动能够促使教师为学生做出表率，提升自身道德修养，利用人格魅力感染学生。

第四节　建立综合评价机制

教师评价是按照一定价值标准对教师教育教学活动及相关因素进行系统描述并做出相应的价值判断的过程。科学的教师评价机制能够促进教师专业化发展，对教师培养具有重要意义。

为促进教师教育能力、师风师德、教育科研能力的提高和改善，应采取多种评价模式，采用多元化评价方法，建立综合评价机制。

一、采取多种评价模式

一般来说，教师评价可分为奖惩性教师评价与发展性教师评价。

奖惩性教师评价是一种终结性评价，其根据一定社会认可评价标准对教师进行评价，并将评价结果作为晋级、加薪、降级或解聘等决定的依据。奖惩性教师评价以奖励和惩罚作为手段和目的，是一种面向过去的评价制度，这种评价制度虽有一定的激励功能，但存在评价内容过窄、缺少对教师人文关怀等缺陷。

发展性教师评价是一种形成性评价，其将教师发展与学校发展需求有机结合，在满足学校发展需求的基础上，为教师专业化发展提供方向。发展性教师评价是面向未来的教师评价制度，其在没有奖惩的条件下促进教师专业发展，以实现学校的发展目标。这种评价模式通过教师与学校双方的协调，将教师个体需求与学校总体需求有机统一，使教师能够全心全意为实现学校目标而奋斗，从而实现学校与教师双方共同发展。

通过对两种教师评价模式的了解，我们可以得知，奖惩性教师评价偏向教师管理，其更像维护学校正常教学、学校管理教师的一种手段；发展性教师评价偏向教师培养，其评价主题和目的是促进教师发展，提高学校教育质量。

合理的教师评价不仅能够为教育行政人员、学校领导、学校家长提供教师素质及质量的可靠信息，也能为教师本人指明不断改进和努力的方向。因此学校可采取两种评价模式并行的方式，将奖惩性教师评价和发展性教师评价共同纳入教师评价体系，建立较为完善的综合评价机制。

学校可以在奖惩性教师评价中将强制性要求教师达成的目标纳入评价项目，如可量化的学生成绩、教师教育教学行为等；在发展性教师评价中，学校可将教师的隐形劳动成果，如教育改革创新探索、师风师德、教学态度等纳入考核项目。通过这种方式，学校一方面可以利用奖惩性教师评价对教师实施高效管理，保证教学工作正常开展；另一方面可以利用发展性教师评价引导鼓励教师，促进教师提高专业素质和道德素养。

二、采用多元化评价方法

多元化评价方法包括评价主体多元化、评价内容多元化和评价标准多元化。

（一）评价主体多元化

教师评价主体包括学校管理者、教师个人、学生家长、学生、教师同行等。为更加全面客观地评价教师，一般采取多主体评价的方式进行教师评价。常见的教师评价主体形式包括领导评价、同行评价、学生评价、社会评价、教师自我评价。

领导评价一般是指教育行政领导、学校领导（校长、教导主任、教研组长等）对教师的评价。领导评价是教师评价中对教师促进作用最大的一种外部机制，因为领导对教师的评价，通常与教师的职务晋升、奖金分配等激励性措施相联系。领导评价能否对教师专业素养的提高起到促进作用，与领导者个人素质、评价水平、公正程度具有极大的关系。

同行评价指教师与教师间的互评。教师评价涉及对教师学科水平、教学技能等方面的评价，是一项专业性非常强的工作，因此通常需要借助专家或同行教师的评价，以保证教师评价的准确度和有效性。

学生评价指学生对教师的评价。教师工作的绝大部分是面向学生的工作，教师劳动的成果最终体现在学生身上。因此，学生在评价教师工作好坏的方面具有重要发言权。

社会评价指学生家长、社会人士、团体等对教师的评价。其通常表现为社会对教师行为规范的要求和总体性看法。

教师自我评价指教师通过自我认识、自我分析，从而实现自我提高的过程。教师自我评价需要教师具备一定的自我认知能力，包括对自身教学工作、专业水平、人际关系等多方面专业素养的认知。此外，教师应具备一定的自我分析能力，能够分析自身不足和工作中存在的问题，并通过思考找到自我提升、解决问题的途径。

学校对教师的评价应采用多主体评价方式，建立学校管理者、教师同行、学生家长、教师共同参与的评价体系，在充分尊重被评价者主体地位的基础上，将教师自我评价、同行评价、学生评价、社会评价和领导评价相结合，多方面收集信息，全面肯定教师工作成绩，营造客观、民主、和谐的评价氛围。

（二）评价内容多元化

评价内容多元化指改变以往教师单纯的教学成绩评价标准，采取教学过程、教师行为、教学结果相结合的评价方法。传统的教师评价侧重对教师成绩的考评，将教师教学成绩作为评定标准，这种评价方式具有偶然性和主观性，缺乏全面性和客观性。

评价内容多元化淡化了学生成绩对教师评价的影响，不仅注重教学成绩，还注重教师的教学态度、教学行为、教学过程。这种评价方法能够引导教师对自身教学行为进行反思总结，促进教师素质的提高。

此外，为增强教师评价对教师培养的积极影响，学校可将教师德育行为、教师教育科研改革、教师校本培训表现等纳入教师评价内容，促进教师专业化发展，使教师潜能得到充分发挥。

（三）评价标准多元化

由于教师个体差异性较大，为适应不同教师个体的需求，促进教师个性化发展，学校应制订多元化教师评价标准。

在评价标准制定过程中，学校应承认教师个体差异，以教师专业发展为目的，制定多种教师评价标准，并采取灵活多样的教学评价方式。教师评价标准应适应不同学科、不同年级、不同教学风格、不同学生特点等多种评价背景，并能够凸显教师在教学工作中的个性差异。

此外，教师评价应将定量评价与定性评价相结合。对于可量化的评价要素，如学生成绩、教师科研成果等，应采取定量评价方式，客观准确地反映实际状况，防止主观臆断；对于无法量化的评价要素，如教师教学态度、教师情感意志等，应采取定性评价的方式，较为客观地做出评价。

三、建立综合评价机制

在建立综合评价机制的过程中，应注意以下几个关键点：

（一）尊重教师工作特点

要制定科学的综合教师评价制度，应尊重教师工作特点。教师教育教学工作具有连续性、发展性特点，教师劳动成果包括显性的和隐性的两种。因此在进行教师评价时，应注重对学生发展的全面考察，并将教育过程与教育结果相结合，做出客观、全面的评价。

（二）遵循客观公正原则

为激发教师工作积极性、创造性，维持健康的学校风气、环境，应遵循客观公正原则，保证评价结果的客观、公正、透明。

除保证评价结果客观公正外，学校还应为教师提供"职位不同，地位平等；能力不同，机会平等"的竞争机制，营造和谐公平的竞争环境。在教师选拔、任用方面，应以教师综合评价作为主要依据，力求做到任人唯贤，全面激发教师的事业心和成就感，促使教师在专业化发展道路上越走越远。

（三）物质奖励与精神激励相结合

教师综合评价是教师考核奖励的重要标准，在考核奖励方面，应采取物质奖励与精神激励相结合的方式，既满足教师的物质需求，也满足教师的心灵需求。由于教师工作特殊性，在考核奖励方面应避免事事只讲钱或只讲奉献精神的做法，从实际出发，提高教师的职业认同感。

第五章　中小学骨干教师培养模式实践探索

中小学骨干教师培养模式是教师培养过程中相对稳定的标准样式和运行方式，其以一定的教育思想、教育理论或特定需求作为依据，具有实践可操作性、典范性和模仿性，可作为中小学骨干教师培养实践的参照执行标准。

对教师培养模式进行探索有利于推动我国教师教育事业发展，促进教师培养工作的顺利开展。本章将对名师工作室培养模式、卓越教师培养模式进行探索，为中小学骨干教师的培养提供模式参考。

第一节　名师工作室培养模式实践探索

名师工作室培养模式是通过成立名师工作室培养教师的模式。名师工作室是由名师和若干同一学科的骨干教师共同组成的学习共同体，其集教学、课题研究、学术探讨、理论学习和教师培训为一体，能够引领教学改革，促进教师专业成长，推动区域教育发展。名师培养模式是我国最为常见的教师培养模式之一。

一、名师工作室的产生和发展

我国现代教育事业不断发展，教育改革不断推进，这对中小学教师提出更高的专业要求。在教师专业发展的探索中，让有经验、有理念的名师引导教师教育教学思维发展成为一种有效尝试，"名师工作室"应运而生。

2000 年，上海市卢湾区教育局印发《中共卢湾区教育局委员会卢湾区教育局关于建立"名师、名校长工作室"的通知》，这是"名师工作室"第一次出现在正式文件中。随后，江苏、山东、浙江等地教育部门也逐渐出台与名师工作室相关的文件。

2012 年，《国务院关于加强教师队伍建设的意见》中明确指出"实施中小学名师名校长培养工程""发挥特级教师的示范带动作用"。

2018 年，教育部等部门印发《教师教育振兴行动计划（2018—2022 年）》，呼吁各级党委和政府要从战略和全局高度充分关注教师工作的关键作用，在教师教育师资队伍优化行动中，要求组建中小学名师工作室，充分发挥优秀教师在师范生培养和在职教师常态化研修中的重要作用。

从以上文件可以看出，我国政府对名师所发挥的示范引领作用给予了政策支持，希望通过建立教师专业学习共同体的方式，引领区域优秀教师的专业发展，这极大地促进了名师工作室的发展。

二、名师工作室的定位和职责

名师工作室的目标是加强师资队伍建设，充分发挥名师在教学、教育、科研、师资培训等方面的主导作用，引入项目管理的理念，通过新的运作方式为教师发展提供更多的空间，创新名师的培训模式。

（一）名师工作室定位

作为专业学习共同体，名师工作室将教师的专业发展由个人学习模式转变为合作学习模式。这种合作学习模式能够利用教师个体差异，为教师提供更多的学习机会和新理念，不仅有利于教师个人发展，也有利于学习共同体组织的发展。

名师工作室具有实践性、专业性、团体性和开放性等特点。名师工作室以教育教学实践情境为基础，结合教学实际问题，在教师协作下解决问题，因此具有实践性；名师工作室通常由名师和学科内骨干教师组成，其活动目的、形式、内容等都围绕着教师专业发展，因此具有专业性；名师工作室是由优秀教师团队组成的，其突破传统校本教研模式，超越人际关系或利益制约，能够使教师在团体互助中共同发展，因此具有团体性；名师工作室本质上是非正式机构，形式相对宽松自由，成员来自不同学校，且成员具有流动性，因此具有开放性。

由此可见，名师工作室是由同一学科或研究领域优秀教师共同组成的，集教学、教研、培训为一体的教师研修共同体，其是非行政工作机构。在实际运行中，名师工作室应发挥人才聚集优势，破解教育教学工作难题，探索区域教育改革。

（二）名师工作室职责

名师工作室职责包括实施课题研究、现代教育理念实践、培养骨干教师、深化教研活动、推动教学改革等（图5-1）。

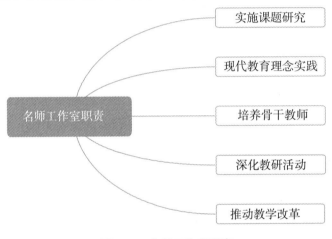

名师工作室职责

实施课题研究

现代教育理念实践

培养骨干教师

深化教研活动

推动教学改革

图 5-1　名师工作室职责

1. 实施课题研究

名师工作室的重要职责是实施课题研究，这种课题研究并非学术理论型研究，而是以教学实践为基础，形成多个小课题，通过对小课题的针对性研究，激发群体智慧，将教学实践中所遇到的疑难杂症逐个击破，为解决教学问题提供成果借鉴。

2. 现代教育理念实践

名师工作室在某种程度上是我国现代教育改革的产物，其初衷是形成优秀教师群体，发挥团队优势，根据现代教育理念探索更多新的教学理论方法。名师工作室通过论文著作、论坛研讨、现场指导等方式展现研究成果，其不仅限于一个区市内，还能够在全省甚至全国进行推广，推进我国教育改革。此外，名师工作室还可通过与农村学校结对等方式，传播践行现代教育理念，为乡村学校注入新鲜血液。

3.培养骨干教师

在教学工作中，有些教师容易陷入传统教学模式中，并产生"教学困境"等瓶颈，不打破瓶颈就会陷入专业发展滞缓期。这时，就需要借助外力帮助教师打破瓶颈，名师工作室就是这样一种外力。教师可以在名师引导下，分析自身问题和困惑，并制订工作计划和培训计划，实现成长目标。实现成长目标后，教师将步入优秀教师的梯队，并可以通过努力晋升为专业能力强大的名师。

4.深化教研活动

名师工作室的重要职责之一是深化教研活动，教研活动是名师工作室起到引领作用、展开教师交流、推广先进教学方法经验的重要手段。名师是教研活动的策划人，其需要根据教师培训课程特点和工作室目标，建立优质教育教学资源数据库。这些资源包括微课资源、关键知识点、重难点、名师示范课等，能够促进教师的快速成长。

名师精心设计、策划教研活动，不仅能开阔工作室成员视野，不断提升教师教学水平，还能够使工作室成员获得质的飞跃，继而提高名师工作室的知名度。

5.推动教学改革

我国教育改革正在如火如荼地开展，这需要教师掌握更加先进的教学理念。部分教师局限于自身思维定式，不利于教育改革的推进和实践。在这一情况下，名师工作室通过名师引领、成员交流等方式探讨教育改革实质，帮助教师在学习思考中提升综合素养，锻炼教育改革思维，提高教育改革意识，积极参与到新课程改革中。

三、名师工作室运行机制

名师工作室运行机制包括名师工作室组建、名师工作室外部运行机制、名师工作室内部运行机制等三方面。

（一）名师工作室组建

名师工作室组建包括团队组建、申报流程、组织关系与管理等。

1. 团队组建

名师工作室是由一名名师主持人、多名骨干教师组成研究小组，辐射带领学习伙伴形成的学习共同体。作为团队组织，名师工作室包括名师主持人、指导专家、工作室成员等多种职位，不同职位的分工不同。在组建团队时，应充分考虑不同职位的分工，做好人员选择。

名师主持人是名师工作室的首席名师，其对工作室的发展起到统领全局的作用。名师主持人具有规划工作室日常开支、制订工作室管理制度的权利和责任，是工作室的核心人物。此外，名师主持人在工作室运行中，肩负着培养工作室成员共同愿景、引领课堂改革和教研、团结工作室成员等重要责任。

指导专家是在工作室运行过程中，引导教学活动方向、为教学研究提供理论指导、对活动开展做出指示的人。指导专家应具备丰富的教育理论和经验，通常是教育教学行政部门的领导人或学科领军人物，能够对工作室发展起协调指导作用。

工作室成员是加入名师工作室的同学科教师，是名师工作室运行不可缺少的部分。教师可通过两种方式成为工作室成员：一种是由工作室名师主持人在不同学校进行考查筛选，取得该教师同意后将其聘请到工作室；另一种是教师自主申请，由工作室主持人严格挑选后，经所在教育局审批并聘用。

2. 申报流程

名师工作室研究方向包括教育研究、学科教学、专业建设、班主任工作等，可由当地相关教育部门组织并引导建设。

名师申报流程为"个人申报—当地教育部门评估—专家考核—集体投票—审批公示"。首席教师的选拔第一步是教师自荐或学校评议选拔；第二步是当地教育部门（区、县）考核审查；第三步是市中小学教师教育专家指导委员会审查；第四步是市教育局认定授牌程序。

名师工作室的选拔程序为"初步评估—专家考核—现场调查—投票审批—公示"。名师工作室选拔第一步是对申报的工作室进行资格考试，并对通过考试的工作室进行初步评估；第二步是入围工作室采取抽签形式参与专家考核，回答专家问题，专家提问内容包括教育教学成就、工作室成立目的、工作室发展计划、工作室优势等；第三步是现场调查，即专家对工作室进行现场调查，进一步了解工作室理念、运作模式、实际影响力、工作室成员道德风尚等；第四步是投票审批，即通过对工作室的考核和现场调查，形成评估意见并投票决定提交审批的工作室是否通过，将通过审批的工作室进一步提交给市教育局审批；第五步是市教育部门进行选拔结果公示。

3.组织关系与管理

名师工作室需要教育行政部门和教科院在组织建设方面提供帮助，如教育行政部门对名师工作室的设置、运作、管理、成果进行指导、监督和考核；教科院应用先进理念和优秀资源，对名师工作室的学习、实践起到参与和指导作用，促进名师工作室的顺利运行。

（二）名师工作室外部运行机制

名师工作室外部运行机制包括外部支持和考核机制。

1.外部支持

外部支持包括经费支持和政府支持，这是名师工作室能够顺利运行的基本保障。

经费支持：名师工作室成立后，可以得到市相关教育部门部分研究经费，主持人负责经费的预算安排，并主动接受审计和监督。专项资金主要用于课题研究、外出考察、工作补贴、专家讲课费、工作室添置固定资产等。

政府支持：名师工作室所在单位需要为名师工作室创造良好的工作环境，在办公室场所、办公室设施、协调工作关系等方面提供保障和支持。名师工作室完成的任务将纳入本单位工作量，并由教育部门落实名师待遇问题，监督学校对名师工作室的支持。此外，教育部门还能够为工作室的研究成果推广创造有利条件。

2.考核机制

考核机制是相关教育部门对名师工作室主持人、成员等进行年度评估考核的机制。年度评估考核可采用深度访谈、问卷调查、网络数据访问、测试等方法，考核结果分为优秀、合格、不合格。通过考核的工作室主持人和成员将得到表彰，未通过考核的工作室将被摘牌，取消待遇。

考核评价内容包括工作室建设和发展水平、工作室培养教师成果、工作室在当地教育起到的示范作用和教学改革作用。考核评价形式包括检查原始资料、与工作室成员沟通、实践观察等。

考核机制能够有效保证名师工作室工作效率，使工作室的教学、研究活动充满活力。

（三）名师工作室内部运行机制

内部运行机制是发挥名师工作室优势、激发工作室成员动力的重要保障。名师工作室内部运行机制包括教学活动机制、教研活动机制、内部管理机制等。

1.教学活动机制

名师工作室教学活动机制是教师学习名师经验、提升教学能力、解决教学问题的重要保障。教学活动机制包括教学示范、教学研究、送教送研、教学评价反思等。

教学示范包括两种类型：一种是主持人进行教授或推荐示范课程，工作室全体成员进行观摩学习；另一种是工作室成员在名师指导下教授示范课程，以供其他教师观摩研讨。教学示范能够提升工作室成员教学能力，并将工作室力量辐射到区域学校。

教学研究指根据教学实践中存在的问题，主持人带领工作室成员确定课堂教学研究专题，并设计详细的研究方案，共同完成专题研究任务，并展示研究成果。教学研究能够提高工作室成员的研究能力，教学研究成果能够为其他教师提供借鉴。

送教送研指工作室积极参与教师培训项目，指导中小学学科建设、校园文化建设、班主任管理等，加强对中小学教师的帮扶培养，通过"集体教研""结对送教""同课异构""名师讲堂"等活动，提高中小学教师的专业能力，推进中小学课堂模式的探索。

教学评价反思指名师工作室通过案例教学和研究，指导教学课程评价，组织工作室成员提供示范课，参与听课、评课活动，谈论课堂教学思想，并通过反思提出改进意见等。教学评价反思能够帮助成员养成教学反思的习惯，并通过教学反思、合作交流等不断提升自身教学能力。

2.教研活动机制

教研活动机制包括专题研修、学科研究、论文写作等。名师工作室通常会对工作室成员提出教育科研成果要求，如每学年完成教育教学论文、通过对课堂教学实例的集中研修发表学术论文、主持学科课题研究等。

名师工作室教研活动机制除对教师做出教育科研要求外，还会通过校本研究、教育理论、学科研究、教育教学研讨会、教学方法指导、课程讨论组织工作室成员进行研修活动，提高工作室成员的教育科研能力。

3.内部管理机制

内部管理机制是名师工作室能够有条不紊运行的重要保障，其包括会议制度、责任制度、奖惩制度和资料管理制度等。

会议制度包括会议召开时间、周期和流程规范等内容。例如，主持人每月召开会议；会议内容可包括对既定主题的研究探讨；会议期间成员不得无故缺席，有特殊情况需要请假，并由主持人审批；每次会议应有工作安排和会议总结，成员应做好会议笔记等。

责任制度包括主持人、工作室成员的责任和义务。例如，主持人带领成员加强学习，提升理论素养，打造精品课程；工作室成员应完成跟岗学习任务，积极参与课题研究等。

奖惩制度是名师工作室内部的奖惩制度，以保证工作室成员遵守规章制度，不能随意缺勤。对于表现优异的教师，工作室可进行评优，并将结果呈现给学校或当地教育部门。

资料管理制度即对工作室资料进行统筹管理，如对会议记录进行妥善保管，对工作室成员的课题、工作计划等进行归档，创建工作室微信公众号，实现教育教学资源共享等。

四、名师工作室实践内容

在教师培养层面，名师工作实践内容包括帮助教师提高教学技能、帮助教师提高教研能力、帮助教师培养良好师德等三大方面。

（一）帮助教师提高教学技能

教师专业水平的提高不只是加强自身"教"的水平，更是为了提高学生

"学"的能力。名师工作室实践活动包括集体备课、示范观摩、个性研修等，以提升教师教学能力，帮助教师切实解决教学实践中存在的问题。

1.集体备课

集体备课是打磨教师教学技能的有效手段，这种方式能够使教师个体充分吸收集体智慧，规范自身行为认知，从而形成独特的个人教学风格。名师工作室集体备课与传统集体备课不同，其打破年级、学科、学校限制，能够充分利用协同作用，实现不同年级、不同学科、不同学校的集体备课。

名师工作室集体备课以同伴互助等形式展开，工作室成员可以针对课堂中出现的真实教学问题展开探讨，集思广益。此外，工作室可针对成员的参赛课程进行集体研讨，形成精品课程，提高学员教学能力。

2.示范观摩

名师工作室可通过开展专家讲座、同课异构、送课下乡等活动，充分发挥示范作用，让广大教师取长补短，在示范观摩中共同成长。

（1）专家讲座是名师工作室较为常见的活动形式，其能够充分发挥专家、名师对工作室成员的示范、引领作用。专家通过讲座等形式，将自身理论知识和经验短时间内总结传授给工作室成员。工作室成员通过与专家交流、听专家讲授，不断提升自身专业知识，在专家专业素养和人格魅力的熏陶下提升自身专业能力。

（2）同课异构是示范课中较受青睐的形式，其指在选用相同教材基础上，根据不同教室专业知识、学生接受程度进行教学设计。

不同教师根据同一教学内容设计课程，会产生不同的思维碰撞。这种思维碰撞能够呈现出不同的教学处理，教师可通过参与、观摩同课异构活动，不断进行比较交流，从而实现扬长避短，提升自身教学能力。

同课异构形式示范课能够使教师看到教学艺术多样性，探索教学创造的可能性，激发教师从不同角度和纬度挖掘教材价值，用不同形式方法设计教学互动，在比较处理中提升教学效果，精进教学技能。

（3）送课下乡活动是名师工作室给稍微落后地区或学校送精品课，推动乡村教育进一步发展的活动。其能够充分发挥名师工作室的示范、引领和辐射作用，促进区域教育水平的均衡发展，实现教师资源配置优化。

名师工作室送课下乡活动主要以示范课模式展开。在送课下乡活动中，名师工作室成员在工作室指导下，到乡村学校进行实地授课。课程内容由工作室整体打磨，其蕴含着名师工作室的教学理念、实践精髓和教学技能。通过课程设计和讲授，工作室成员使学校师生体验新的教学方法。课后，工作室成员与教师针对课程设计进行总结与探讨，传递新的教学理念和方法，提升中小学教师教学水平，起到名师工作室的辐射作用。

3.个性研修

名师工作室并不是由简单个体集合而成的，而是由具备个性差异的成员组成的，教师进入名师工作室的最终目的是培养自己独特的教学风格。

名师工作室可通过个性研修的方式，帮助教师突破专业发展瓶颈，实现教师个性化成长。在个性研修中，工作室可根据成员知识结构、教学水平、个性差异等分析其教学风格，为其提供个性化指导意见，帮助其实现质的飞跃，如针对教师情况制订培训计划、对写作少的教师加强写作培训、对实践少的教师加强实践锻炼等。

（二）帮助教师提高教研能力

教师教研能力包括教师在教学实践中发现、分析、解决问题的能力。教师在教学实践中总结经验，并不断研究，将其转化为研究成果，而后将研究成果用于实践，从而实现自身专业能力的提升。教师教研能力对提升教育质量而言至关重要。名师工作室能够通过专业阅读、主题探讨、课题研究等活动帮助教师提高教研能力。

1.专业阅读

名师工作室可开展专业阅读、读书交流会等活动，帮助教师养成阅读习惯。教师在专业阅读活动中，不断学习先进教学理念，积淀专业学科知识。此外，工作室成员还可以通过与其他成员分享交流，让其他人帮忙纠正自身观念，指出不足，优化自身专业知识结构。

2.主题探讨

主题探讨是名师工作室的常见活动，其是促进教师深度思考的有效途径。教师在深度思考中不断摸索优秀的教学方法，提升自身教研能力。

在主题探讨活动中，教师根据特定主题进行研讨和交流，通过对教育教学的深度思考，不断对自我进行批判、重建、超越。主题探讨能够提升教师独立思考能力、判断评价能力，培养教师的质疑精神和改革精神。教师在思考、判断、改进中逐渐形成教学特色，提升教育质量。

3.课题研究

名师工作室是具备丰富课题研究资源的平台，工作室成员可通过课题研究，不断提升自身理论素养和教学研究能力。

名师工作室能够以课题研究为纽带，要求成员持续参与课题研究中，并利用工作室责任制度，将研究人员分工落实到位。例如，对收集分析相关资料、设计研究方案、深入调查、总结分析结果、撰写调查报告等工作内容的人员分配，可以促进课题研究的规范化和流程化，提高工作室成员的课题研究能力。

此外，名师工作室可以定期开展阶段成果小结和理论学习，让成员撰写阶段性研究报告，提高教师的专业理论素养。

（三）帮助教师培养良好师德

师德师风培养是教师培养的重要内容，其是打造现代化教师队伍、实现"以德树人"的重要保障。名师工作室能够通过名师以身作则、营造良好氛围等引导教师正确认知自己、客观评价自己，不断提升自身职业道德，成为一名有教育情怀的教师。

1.名师以身作则

名师在长期的严谨治学实践中，形成了自己特有的风格，他们的一言一行影响着周围人，让其他教师自然而然地对他们产生敬畏之心。名师可以通过对职业道德的践行，用自身高尚人格引导工作室成员，培养工作室成员的教育信念、工作热情和责任感。

2.营造良好氛围

工作室成员在名师工作室中共同学习、共同成长，将受到名师工作室的氛围感染。名师工作室能够通过名师引领、同伴互助、课题研究等为教师营造良好氛围，使教师在不断进步中感受到温暖。例如，名师引领能够帮助教师少走弯路；同伴互助能够使教师发现自身不足；课题研究能够使教师互相启发，超越自我。

名师工作室良好的氛围能够激发教师的工作热情，使教师获得成就感。教师的成就感能够提供源源不断的职业动力，坚定教师的职业信念，促进教师爱岗敬业精神的形成。

五、名师工作室运行过程中遇到的问题和解决方法

名师工作室模式作为骨干教师培养的创新尝试，在实际运用过程中也存在一些问题，笔者将对这些问题进行分析并提出解决方案。

（一）运行过程中存在的问题

名师工作室在运行过程中通常会产生教研活动形式单一、运行机制不完善、活动成效不高等问题。

1.教研活动形式单一

在名师工作室运行过程中，不少名师工作室通常围绕特定学科教学开展活动，注重学科教学业务指导，提高工作室成员的教育教学能力，但关注工作室特征和形成品牌效应的探索较少，这难以反映工作室团队成员的研究价值。

在工作形式上，工作室的活动仍然局限于传统的公开课、听讲座和内部研讨等，缺乏丰富多彩、有吸引力的新形式活动，其一方面受到名师主持人能力影响，另一方面受到经费制约。

教研活动形式单一使工作室成员的工作热情难以调动，时间一长，容易使教师陷入教育教学的疲态，这在一定程度上制约了中小学骨干教师的专业成长。

2.运行机制不完善

名师工作室运行过程中常出现运行机制不完善的情况，如教师激励机制无法充分发挥作用、工作室目标定位不够清晰、交流机制不完善等。

教师的专业发展是一种自我实现的高层次需求，因此教师激励机制除提供职称晋级、薪酬、荣誉等物质保障外，还应提供精神鼓励，如成就、认可、责任和进步等，激励教师行为，促使其不断提升自我。

工作室目标定位不够清晰，容易导致工作室成员学习活动、研究活动缺乏系统性，没有明确定位，从而使工作室无法发挥效用。

此外，目前名师工作室的教学教研活动大多是名师之间内部的自我交流，并没有利用高校的科研优势。如果没有教育领域专家的引领和指导，教师的专业发展将显得苍白无力。名师有实践经验，但往往缺乏理论上的指引，因此需要借力理论专家，才能相得益彰。

3.活动成效不高

在实际运行过程中，名师工作室的部分作用并没有得到最大发挥，即使有研究收获，其也是个人成果，没有对工作室其他成员起到推动作用，所以部分名师工作室建设效果有待提高。

名师工作室示范、引领效果有争议。名师工作室通过名师的示范、引领，带领成员研究课题，发表研究成果，积累教学教研的经验。但是，这种方式是一把双刃剑：一方面，成员可以学习到名师研究和教学的方法，运用到自己的实践中；另一方面，成员可能过于依赖名师的思维和方法，在一定程度上反而限制青年教师的发展。

名师宣传及成果辐射效果一般。名师工作室应对区域教学起到辐射作用，但在实际运行过程中，部分教师并不了解名师工作室的运行机制，不愿参与名师工作室，并将其视为工作负担，这在一定程度上影响了名师工作室的辐射效果。

（二）问题解决方法

名师工作室在促进教师专业发展方面的不足是由多方面原因导致的，既有教育行政部门和学校的因素，也有工作室自身的因素，笔者将从教育行政部门、学校、工作室等三个角度提出解决方法。

1.教育行政部门完善保障机制

规章制度是规范行为的准则，教育行政部门应完善保障机制，解除名师工作室成员的后顾之忧。具体可从简化考评流程、加强经费保障、加强网络交流平台建设、加强主持人能力培养等方面入手。

（1）简化考评流程。工作室的考评指引着工作室的发展方向，但是每个工作室特点不同，过于详细复杂的考评虽然可以方便量化最后的评定结果，但不利于工作室根据自己的实际情况开展活动，最后导致成员们为了完成考评的内容而疲于应付。因此，教育行政部门应简化工作室考评流程。

（2）加强经费保障。教育行政部门应深入调查名师工作室的实际困难，制定科学合理的规划，为名师工作室的有效运作提供有效的财力支持，如根据工作室活动预算增加资金投入等。

（3）加强网络交流平台建设。技术和网络为工作室之间的交流共享提供了平台，对名师工作室运行发挥着重要作用。教育行政部门应加强网络交流平台建设，设立名师工作室资源库。通过这一平台，名师工作室能够组建集体战线，加强与各地名师的沟通交流，不仅有助于教师从个体学习转向教学集体寻求专业指导，还能够促进区域优质教育资源整合，有助于地区先进教育教学思想的传播借鉴。

（4）加强主持人能力培养。主持人能力的高低直接关系到名师工作室的建设效果，和工作室的发展息息相关。教育行政部门不仅应谨慎选择主持人，还要加强对主持人能力的培养，如建立名师培养跟踪、监督机制和阶段性的考核制度，督促主持人进一步提升自身专业水平和管理能力。

2.学校宣传鼓励教师加入名师工作室

为充分发挥名师工作室的示范作用和辐射作用，中小学应宣传鼓励教师加入名师工作室。

学校可以将教师在名师工作室中的专业发展成效作为一项年终考核指标，在教学工作量方面与普通教师有所区别，在对学校教师的影响方面有所侧重，在教师培训积分方面给予考虑，对做出成绩的予以奖励，从而激励教师主动参与工作室活动。

此外，学校可以利用多种宣传渠道扩大名师工作室的影响。例如，组织教师学习和研讨，加大对名师工作室作用的宣传力度；通过举办名师工作室的挂牌仪式，精心布置名师工作室，提高名师工作室的影响力度等。

3.名师工作室完善各项管理制度

为了进一步推动名师工作室有序、高效地开展研究活动，名师工作室应形成一套完整的规则和制度，使名师工作室的管理过程更加顺畅、标准化，如制订工作室培训计划，完善工作室管理系统、工作室登记系统，做好工作室日常工作记录、工作室会议记录，制定工作室学习制度等，明确工作室工作目标，提高名师工作室的运行效率。

第二节　卓越教师培养模式实践探索

当今世界各国在大力推广教师在职进修的同时，也在努力延长教师职前专业训练的年限，由仅仅注重教学实践，转向更为广泛的学校经验，使教师职业成为学术水平较高并接受长时间专门训练的职业，职前教育与职后教育联系愈加紧密。

我国教师培养事业受到终身发展理念影响，同样出现职前教育、职后教育一体化的发展趋势。骨干教师培养作为我国教师教育的重要组成，长久以来多偏向于职后培养，准教师教育与骨干教师教育无法实现良好衔接。我国政府具有高度前瞻性，自 2012 年起，推出多项卓越教师相关政策，包含 2012 年《教育部关于全面提高高等教育质量的若干意见》、2014 年《教育部关于实施卓越教师培养计划的意见》、2018 年《中共中央 国务院关于全面深化新时代教师队伍建设改革的意见》《教师教育振兴行动计划（2018—2022 年）》《教育部关于实施卓越教师培养计划 2.0 的意见》等。

卓越教师培养即对师范生（准教师）进行培养，其以培养未来卓越教师为目标，制定中小学优秀教师培养的长期规划，对我国教师教育改革具有积极意义。

一、卓越教师及卓越教师培养的内涵

培养卓越教师是教师教育改革深化发展的必经之路，要了解卓越教师培养模式，首先应了解卓越教师和卓越教师培养的内涵。

（一）卓越教师的内涵

卓越指优秀、非同一般。卓越教师指相较一般教师更为优秀的教师，我们一般认为其具备专业素养、优秀的教学能力、科研能力和职业道德。在我国卓越教师培养文件中，对卓越教师的定位是专业素质较高于骨干教师，而低于研究型教师。从某种意义上来说，卓越教师属于骨干教师的范畴。

（二）卓越教师培养的内涵

卓越教师培养指对准教师（即师范生）、教师进行培养，使其具备高尚师德、扎实学识、教育智慧和自我发展能力，成为热爱教育事业、综合素质全面、教学能力突出的卓越教师。目前我国卓越教师的培养模式主要针对职前教育，即对师范生进行培养。因此，广义的卓越教师培养既包含对师范生的教育，也包含对教师的培养；狭义的卓越教师培养则专指对师范生进行培养。

二、卓越教师培养机制

教师的成长发展需要政府、高校、中小学等多方协作才能达到最佳效果，目前我国卓越教师培养机制主要是"三位一体"协同培养。

卓越教师"三位一体"协同培养机制指参与共同体的地方政府、教师教育院校和中小学，以及高校学科导师、中小学指导教师等合作成员，在共同体培养卓越教师目标实施中，通过参与协作修订目标、协作开发课程、协作优化流程、协作实施教学等所有培养过程，履行协同培养职责，提高职前教师的培养质量。

在"三位一体"协同培养机制中，卓越教师培养主体包括政府、教师教育院校、中小学和教师。政府职责包括完善卓越教师培养政策与相关制度设计，保障卓越教师培养制度条件。教师教育院校责任体现在职前、职后两方面，职前以培养卓越师范生为目标，围绕课程教学、师资队伍、保障系统等持续优化培养过程；职后包括促进中小学教师专业化发展，深度介入卓越教师形成的职后环节。中小学责任是营造促进优秀教师成长的学校环境，制定卓越教师培养的长远规划并付诸实践。教师责任是强化责任意识，以卓越教师为自身发展追求，做先进理念的践行者和教育改革创新的探索者。

三、卓越教师培养模式："一制三化"

我国目前最为常见的卓越教师培养模式是"一制三化"，其包含"三位一体"协同培养理念。

"一制三化"（双导师制，教学小班化、能力素养双强化、实践教学全程化）模式具体是指通过校内二次选拔优秀生源，选择优秀博士和一线名师作为学生励志导师和学科导师，培养师范生的师德和教师气质；推行小班化（30

人以内）教学，进行"学为中心"变革，让师范生成为主动学习者；荣誉学院与专业学院协同强化培养师范生的教师素养和学科素养；政府、大学和中小学协同实施，四年全程实践浸润，贯通职前、职后，提升教学技能。

四、"一制三化"卓越教师培养模式实践

"一制三化"培养模式实践包括优秀生源选拔、双导师制的实施、教学小班化的实施、能力素养双强化的实施、实践教学全程化的实施（图5-2）。

图5-2 "一制三化"培养模式实践

（一）优秀生源选拔

优秀生源选拔遵循"自愿选择、公平竞争、适时分流，提高质量"的原则，从立志从事教师职业的品学兼优的师范生中选拔。具体选拔流程可以分为笔试、面试、心理测试三个环节，侧重考核学生口语表达、书写、理解等方面的基本素质，并择优录取。

此外，可实施末位淘汰制度，在经过两三年度学习后，将综合排名居于后5%的学生按比例淘汰，退出卓越教师培养并回到就读专业继续完成学业，以控制生源数量、优化生源结构，努力提高培养质量。

（二）双导师制的实施

双导师制即根据学生学习能力和发展方向，在卓越人才培养中实行"优秀学长制"和"一线名师师徒制"的双导师培养模式。

对导师进行选拔时，可将其分为专业导师和实践导师两类。专业导师为师范生本校教师，应满足学术造诣深厚、具有博士学位和副教授以上职称等条

件；实践导师由中小学一线名师担任，应具备丰富的从教经验、出众的实践教学能力和高尚的师风师德。

在双导师教学中，专业导师能够指导师范生分析专业和课程特点，帮助师范生根据个人情况和发展方向选择课程，指导学生开展教育活动和参与教育科研，进一步夯实学生的专业基础。实践导师能够指导学生实践锻炼，掌握基础教育必备的工作技能，以职业情感提升教师职业认可度。

"双导师"的共同指导和携手引领，不仅能够使师范生具备专业知识素养、基本教学能力和科研能力，还能够让师范生感受到名师的价值取向、人生追求和人格魅力，坚定学生的教育信仰和对教育理想的追求。

（三）教学小班化的实施

小班化教学围绕学生个体发展，以小班作为课堂教学的组织形式。在卓越教师培养中，教学小班化能够保证育人质量，充分激发师范生的学习热情，提高师范生的主观能动性和创造性。

教学小班化的实施可从班级规模、师资配备、教学方式、教学内容、课程资源、课程考核等方面入手。

在班级规模方面，小班化教学的班级规模一般在 30 人以内，以便保障每位师范生能够得到足够的关注。

在师资配备方面，应选派学术水平高、教学经验丰富的优秀教师、知名教授、学者等担任课程主讲教师。此外，还可根据不同课程特点，同时配备小班研讨教师。

在教学方式方面，小班化教学应强调以师范生为中心，导师应注重引导师范生进行合作学习和自主学习。此外，导师可以根据专业和课程特点，大胆探索启发式、探究式等教学方法，采取多种教学方式，充分激发学生学习兴趣，增强教学效果。

在教学内容方面，导师可以适当增加课程深度和挑战性，在保证教学大纲整体进度的基础上，着重学科基础和前沿开放性课题，鼓励师范生通过课后阅读、个体研究和团队合作寻找解答方式。此外，应保证研讨课的学时不得少于总课程授课内容的 1/3。在研讨课程中，师范生可分成若干学习小组，每组采取师范生讲解、相互提问和小组讨论等方式开展学习，授课导师参与辅导答疑。

在课程资源方面，应充分重视教学资源建设，为师范生提供课程介绍、教学大纲、教案或演示文稿、课程微视频、文献资料库、专题讲座库、案例库、试题库等丰富的课程学习资源，师范生可利用课程资源实现课程线上、线下自主学习，不断提升自我。

在课程考核方面，小班化教学应改革学业评价方式，将考核贯穿到课程教学全过程，丰富考试形式。小班化教学课程考核可将过程性评价和终结性评价有机结合，并将学生课堂表现、课后答疑、阅读、作业等纳入考核项目，制定详细的成绩评定方案，实现更加全面、综合的考核评价。

（四）能力素养双强化的实施

能力素养双强化指培养师范生扎实的教学能力和较强的教师素养。教学能力和教师素养是师范生未来成为"卓越教师"的基石，因此在卓越教师培养中应着力实现教学能力、教师素养的"双强"，提升师范生的专业素质。师范生专业素质的提升主要方式是课程学习，因此通过师范生培养课程体系设计，实现能力素养双强化。

卓越教师培养课程体系应包含专业学科底蕴课程和教学实践类课程。

1.专业学科底蕴课程

专业学科底蕴课程包括基础类课程、专业学科类课程、专业拓展类课程、专业荣誉课程等，多由专业导师授课。

基础类课程包含思想政治课程、教育教学课程、心理学课程等，是所有师范生必学的基础课程。

专业学科类课程、专业拓展类课程是帮助师范生积淀学科知识、提升学科素养的课程，在卓越教师课程体系中，这两类课程应占较多学分，为师范生打下坚实基础。

专业荣誉课程的设置应选择专业学科底蕴课程模块中最为核心的专业课程。专业荣誉课程在核心专业课的基础上进行改进，并由荣誉教师授课，通过拓展课程的广度和挖掘课程的深度，启发学生思维，培养学生的探究能力。

2.教学实践类课程

教学实践类课程能够提升师范生教学实践能力，多由实践导师指导。教学实践指导包括实践导师言传身教和教学实践活动。

实践导师通过言传身教，一方面能够不断强化师范生的职业认同感和自豪感，引导师范生树立献身基础教育的理想信念；另一方面能帮助学生将所学的学科理论知识与实践教学相结合，学会融会贯通，在进一步夯实学科基础知识的同时，提高学科教学能力。

教学实践活动包括慎独考场活动、暑期支教活动、"从教第一课"活动等。慎独考场活动能够使师范生自觉承诺以公平、坦荡的行为维护学习的尊严，此外还可以此为抓手开展诚信教育；暑期支教活动能够培养师范生的耐心、爱心和责任心，提高师范生师德情操；"从教第一课"活动能够帮助师范生培养教师气质，规范师范生作为准教师的行为举止。

（五）实践教学全程化的实施

实践教学全程化的主要目的是对接高校与学校人才培养，提高师范生的实践教学能力，提高教师培养效率。

在卓越教师培养过程中，可通过规范实践教学标准、构建全方位实践教学体系、严格考核、以赛促学等方式实施实践教学全程化。

1. 规范实践教学标准

"没有规矩，不成方圆。"要实现实践教学全程化，首先应明确实践教学培养目标，并在广泛调研的基础上，规范实践教学标准。实践教学可分为见习和实习两个环节，高校应制定相应的实践教学标准，完善相关规章制度，如教育实践规程、教育实践管理办法等，引领教学实践的实施。

2. 构建全方位实践教学体系

高校与中小学应充分整合教育教学资源，并结合卓越教师培养要求，构建全方位实践教学体系（图5-3）。实践教学体系包含见习、实习、研习三个教育实践环节，学校应将教育实践课程和教育实践环节整体规划、有序连贯、互为衔接，即教育技能类课程和"见习—实习—研习"三个教育实践环节贯穿三年，强调师范生将各年级段的学科专业知识和教师教育知识运用于中小学教育教学实践，实现教育实践全程浸润，提高师范生的备课能力、教案设计能力等教育教学能力。

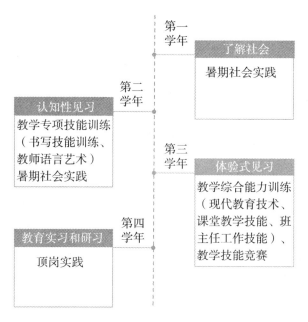

图 5-3　全方位实践教学体系

3.严格考核

为保证卓越教师培养效果，应设计严格的考核制度。实践教学目的是培养师范生的教学能力，学校考核项目应设置基本教学技能，包含教学设计、多媒体课件制作、说课、模拟上课·板书。考核制度包括考核达标制度和考核评价制度。

（1）考核达标制度。考核成绩分通过与不通过两个等级，要求师范生各单项成绩均通过，总成绩方可定为通过，即达标过关；否则成绩定为不通过，即达标不过关。考核工作由教务处负责，由高校组织实施，各相关学院配合。对于考核未达标的学生，可在第七学期开学初进行一次补考，成绩通过者方可参加教育实习；对于补考仍未达标者，限期一个月进行教育见习和教学技能模拟实训，然后再给予一次补考机会，再次补考达标者可参加教育实习，仍未达标者则延期毕业。

（2）考核评价制度。教学技能考核项目包含教学设计、多媒体课件制作、说课、模拟上课·板书等。应制定考核评价制度，如考试要求、评价标准等，量化考核过程，才能准确地考核评估师范生。

教学设计指运用系统方法，将学习理论与教学理论的原理转换成教学过程和教学活动的具体计划的系统化过程。在这一项目考核中，师范生应结合我国新课程改革的理念，以及基础教育现实、教学要求、课程目标等发生的深刻变化，针对指定内容进行教学设计。可具体要求学生根据抽取的试题，以一课时为标准设计完整的教学方案，设计时间不超过90分钟，师范生获得总分的60%即视为合格。教学设计评价内容应包含目标设计、内容分析、教学过程设计、延伸设计、文档规范、设计创新等，评价标准、分值可根据具体要求设置。

多媒体课件制作指学生在一定的学习理论和教学理论的指导下，遵循认知规律，根据学习目标或教学目标设计反映某种教学策略和教学内容的课件。要求学生根据教学设计内容制作课件一例，制作平台不限，制作时间不超过60分钟，师范生获得总分的60%即视为合格。课件制作评价内容应包括课件科学性、课件教育性、课件技术性、课件艺术性，评价标准、分值可根据具体要求设置。

说课主要指课前说课。说课要求师范生在备课的基础上，面对评委和其他听课学生，系统地阐述教学构想及理论依据，时间不超过5分钟，师范生获得总分的60%即视为合格。说课评价内容应包括教材、教法、过程三方面，评价标准、分值可根据具体要求设置。

模拟上课·板书要求学生根据教学设计方案和课件，自主选择"教学片段"或"环节"进行模拟上课，板书在模拟上课过程中呈现，总时间不超过10分钟。模拟上课·板书总分应设置较高分数，师范生获得总分的60%即视为合格。模拟上课评价内容包括教学目标、教学内容、教学方法、教学过程、教学素质、教学效果、教学创新等；板书评价内容包括内容匹配度、构图、书写。评价标准、分值可根据具体要求设置。

4.以赛促学

教学技能竞赛是提升师范生教学技能的重要手段。中小学、高校、政府三方可协同构建"院赛—校赛—省赛"三级竞赛体系，注重技能训练与技能竞赛紧密衔接，以赛促学。师范生教学技能竞赛院赛和校赛可以由高校组织实施，与技能达标工作无缝对接，实现全员参与、全体指导、全部受益。省赛可由教育部门组织，由高校承办，注重精英师范生训练，实现拔尖提高。

第六章　中小学多类型骨干教师的培养

骨干教师的基本专业素养大体相似，但不同类型的骨干教师的发展方向、成长方式有所不同。为均衡不同类型骨干教师的培养比例，提高骨干教师的培养效率，本章将对不同类型的骨干教师培养进行深入探究。

研究型骨干教师对教育改革具有重要的推动作用，是骨干教师群体重要的专业化发展方向；青年骨干教师是我国中小学教师的新生力量，对我国中小学教育发展起到至关重要的作用；班主任是参与日常教育教学工作的重要力量，在我国中小学骨干教师中占比较大。这三类骨干教师具有典型性，本章将依次对这三类骨干教师的培养进行具体分析，为我国不同类型骨干教师培养提供借鉴。

第一节　研究型骨干教师培养

研究型骨干教师是指能积极主动地反思自己的教育行为，具有职业敏感性、科研意识和合作精神，能够采用一些客观方法及时发现教育教学工作中的问题，并展开探究性行动，在综合运用教育教学理论和已有经验的基础上，提出切实可行的改进方法的骨干教师。

研究型骨干教师相较于一般骨干教师具有先进的教育理念、强烈的创新精神、敏感的教育问题意识、优秀的团队合作意识、过硬的教育科研能力，以及引领教师探究能力。研究型骨干教师培养是一项长期工作，需要教育部门、中小学、院校机构和教师个人共同努力。

中小学教师日常工作任务较为繁重，不少教师在教育科研上相对被动。有的教师对教育科研活动认识片面，认为课题研究是教育教学理论专业的工作内容，与普通中小学教师无关；有的教师在教学压力下对课题研究产生惰性，不想参与教育科研活动；有的教师并未认识到教育科研的重要性，进行课题研究只是为了自身利益，如评职称；有的教师具有科研意识，却因教学压力、科研困难等无法付诸实践；有的教师想要进行教育科研活动，却因能力问题无法独自开展。这些情况一定程度上制约了普通教师向研究型骨干教师转变。要培养研究型骨干教师，需要转变教师观念，提高教师科研意识和科研能力，具体可从教育部门、学校、院校机构、教师个人等四方面入手。

一、教育部门培养研究型骨干教师的措施

教育管理部门可通过开办名师工作室、建立区域教师教育交流平台、开展研究型骨干教师培训项目等促进研究型骨干教师的培养。

（一）开办名师工作室

教育管理部门可以组织本地区优秀学科带头人开办名师工作室。在名师工作室中，优秀学科带头人引领本地区中青年教师开展教育教学研究，提升自身的专业素养，并培养研究型骨干教师。

名师工作室可采取导师制，学科带头人、优秀骨干教师用自身人格魅力、思维方式、教育思想等影响有发展潜力的中青年教师，并将教育科研方法、教育研究经验传授给他们。这种培养方法类似师徒帮带模式，却更为高效科学，十分有利于研究型骨干教师的培养。

（二）建立区域教师教育交流平台

为促进中小学教师开展教育科研活动，培养研究型骨干教师，不少中小学都积极举办各种学术演讲、学术辩论、学术论坛等活动。为实现教育科研资源共享，加强不同学校中小学教师学术交流，促进更多中小学教师参与到教育科研活动中，教育管理部门可以建立区域教师教育交流平台，定期组织教师进行学术演讲、学术辩论、学术研究活动，帮助教师深化教育思想，拓宽研究视野，形成新的学术团队或研究团队。

此外，教育管理部门可以建立网络教研平台，并将各类活动资料、区域教

师科研成果等转化为网络资源进行共享，推动教师在研究中开展教育教学工作，提高教师教育研究"含金量"，促使普通教师向研究型骨干教师转变。

（三）开展研究型骨干教师培训项目

教育管理部门可与当地教师教育院校机构等合作开展培训项目，选拔具有发展潜能的教师进行教育科研技能培训，提高教师的科研能力和素养，促进普通教师向研究型骨干教师转化。

二、中小学培养研究型骨干教师的措施

中小学是教师进行教育科研活动的主要场所，学校可采取多种措施培养研究型骨干教师（图6-1）。

图6-1 中小学培养研究型骨干教师的措施

（一）实行"科研行政"

学校领导可采取高层次、现代化办学理念和管理理念，实施"科研行政"。"科研行政"即学校领导带头管理科研活动，推动教师在教研活动中进行教育教学；引导教师在行政工作、教育教学互动中寻找研究课题，并将工作问题转化为研究项目，在教育科研中解决教学实际问题。

这种措施不仅能够提高学校领导的专业素养，还有利于将普通教师培养成研究型骨干教师，推动学校科学办学、科学管理、科学培养学生。

（二）分类培养研究型骨干教师

不同教师的科研素养差异较为明显，这给教师的培养工作造成一定困难。为提高研究型骨干教师的培养效率，避免造成资源浪费，学校可采取分类培养研究型骨干教师的差异化培养方式，如根据教育科研态度和教育科研能力这两个主要指标把教师分为A、B、C、D、E等五种类型，并分别采取相应的管理

措施。

A 型教师是在教育科研态度和教育科研能力两个方面呈现出"双低"的教师，这类教师科研态度消极、科研能力弱。对于这类教师，学校可采取以下管理措施：下达指令性研究任务，加强监督与干预，将研究、实验成果与经济待遇、职称晋升和岗位聘任直接挂钩，以此来强行推动他们走上研究型教师的发展之路。

B 型教师是"低—高型"的教师，这类教师科研态度消极，但科研能力较强。对于这类教师，学校可采取以下管理措施：加强宣传和案例教育，提高教师对科研价值的认识；对研究、实验成果设立富有吸引力的经济奖励指标与职称晋升方面的优待条件，同时加强思想教育，以此来引导他们转变自己消极的科研态度。

C 型教师是"高—低型"的教师，这类教师科研态度积极，但科研能力较弱。对于这类教师，学校可采取以下管理措施：提供培训机会，与本校研究型骨干教师结对，适当聘请校外科研专家给予指导，以此帮助他们迅速提高科研能力。

D 型教师是"中间型"的教师，这类教师科研能力和科研态度都处于中间状态，对于这类教师，学校可采取针对 A 型、B 型和 C 型教师的管理措施，促使他们能够发生良好的转变。

E 型教师是"双高型"的教师，这类教师具备积极的科研态度和强大的科研能力，对于这类教师，学校可采取以下管理措施：任命其为学校的学术带头人和学校课题负责人；让此类教师参与学校科研工作的决策和管理，并作为其他教师的科研导师或科研指导者；积极提供人、财、物、时间、信息等方面的科研条件，充分发挥教师的教育科研专长；提供条件帮助其著书立说，宣传、推广其教育思想和研究方法，使其成为学校的科研榜样。

（三）循序渐进地培养研究型骨干教师

不少中小学教师较少开展教育科研工作，学校可采取循序渐进的培养方法，帮助教师逐渐适应教育科研过程。循序渐进的培养方法大体有两种，一种是渐进式方法，即利用教师读书活动、"七个一"工程等，让教师通过学习教育理论、阅读教学书籍逐步接触教育科研；另一种是引进式方法，即学习外校先进经验，逐步在全校开展科研工作。

1.渐进式培养方法

渐进式培养方法并非让教师迅速承担规范化、标准化教育科研项目，而是要求教师学习教育理论，并进行专题发言、撰写学习心得等，通过较为简单的研究活动，帮助教师度过科研工作心理适应期。

经过一到两年的适应期，教师对科研工作不再有畏惧、排斥心理时，学校逐步加重科研任务，提高科研项目的要求和标准，促进教师循序渐进地提升教育科研能力，逐渐成长为研究型骨干教师。

此外，学校可为教龄、专业能力不同的教师分别设置研究型骨干教师的发展目标，指导不同教师按照自身实际情况发展，促进不同层次的教师专业化发展。

2.引进式培养方法

引进式培养方法也是一种循序渐进的培养方式。采用这种培养方式时，学校可派人到外校学习先进经验，收集资料，深入了解外校成功的教育科研方式并引进外校的课题库和科研管理方式。本校教师在摸索学习的过程中逐渐熟悉教育科研工作，学校可结合本校教育教学实际问题，组织教师建立具有本校特色的课题库，创新本校教育研究方法。

（四）改革教师职称的评聘制度

教师职称评聘是教师不断进取的重要外界动力，学校可通过改革教师职称评聘的制度促进教师向研究型骨干教师标准努力。例如，学校组建职称聘用委员会，施行职称认定与岗位聘用相统一制度，即岗位职称化。学校职称聘用委员会认定后，可向教育主管部门确认和备案，通过绩效管理的方式促进教师不断提升自我，提高教育教学能力和教育科研能力。

当教师职称的评聘与研究型骨干教师的发展目标挂钩时，能够促进不同教龄的老中青教师向研究型骨干教师标准不断进取。

（五）建立教师科研社团

建立教师科研社团显然有利于教师合作探索、合作研究、合作共进。学校可根据教师专业发展需求，组建不同层次的科研社团，如班主任科研社团、年级组长科研社团、同科目教师科研社团等，促进教师在交流合作中不断提升教育科研能力。

此外，在日常教育教研活动中，可充分利用科研社团，实现不同教师群体的专业发展。

三、院校机构培养研究型骨干教师的措施

院校机构是实施教师教育的重要场所，其可通过教师职前培养、教师职后培训等培养不同类型的教育人才。研究型骨干教师的培养并非一朝一夕之事，其不仅涉及教师的职后培训，还与教师的职前培养息息相关。院校机构可通过职前培养师范生科研意识和能力，职后培养教师科研技能、科研实践能力等促进研究型骨干教师的培养。

（一）研究型骨干教师的职前培养

师范院校在培养师范生时，应将教育科研能力纳入课程目标，并构建完整的教育科研知识体系，培养师范生的科研素养和科研意识。

在教学过程中，教师应采取灵活、恰当的多元教学方法，如通过参与式教学方法、讨论式教学方法、案例式教学方法等促使师范生进行研究性学习和反思性学习。

此外，教师在教授课程时，应将教育科研意识潜移默化地传递给师范生，让学生明白教育并非一成不变的工作，提高其对教育科研的重视程度，将教育科研作为日后工作中不可或缺的内容。

（二）研究型骨干教师的职后培训

在教师职后培训中，院校机构应根据教师专业发展需求，开展研究型骨干教师培训项目，并根据不同层次的教师设计课程体系。例如，对科研知识匮乏的教师进行研究技能、研究方法、教育教学理论培训；对科研知识比较丰富，科研实践能力较弱的教师进行实践培训，使其在参与课题研究的过程中提升自身科研能力。

四、教师自我培养的措施

要成为研究型骨干教师，教师的个人努力至关重要。教师可采取以下措施，不断努力，逐渐成长为研究型骨干教师。

（一）转变观念，提高课题研究的意识

教师应转变观念，提高课题研究意识，具体可从明确角色定位、了解科研的重要性、提高科研自信三方面入手。

1.明确角色定位

当今教师面临多元角色冲突，教学者和研究者之间的冲突是其中之一。实现由传统的教师向教育教学研究者的角色转变是基础教育改革发展的要求，是教师专业化发展的基本趋势。教师应正确认识这种角色转变，明确教师作为研究者的角色定位，这是教师增强课题研究意识的重要基础。

2.了解科研的重要性

教师应了解科研的重要性，增强自身进行科研的欲望。课题研究不仅有助于教师自身的发展，也对推进教学改革、提升教学质量具有重要意义。教师要增强对课题研究价值的认识，明确教育教学是充满创造意义的工作，不能固守一种模式，不能简单照搬原有的经验和他人的做法，要形成教育教学研究的内在驱动力，使研究成为主动、自觉的行为，变"要我研究"为"我要研究"。

3.提高科研自信

教师应提高科研自信，勇于参与教育科研工作。课题研究并不神秘，教师要破除对课题研究的迷信，消除对课题研究的畏惧心理，充分相信自己对教育教学的理性解读能力与变革能力，通过不断的学习提升和积极的实践探索，使自己能够进行课题研究，并能够使研究取得令人满意的成效。

（二）克服困难，投身课题研究的实践

在教育科研活动中，中小学教师普遍存在工作压力大、时间有限、研究能力较弱等问题，教师应讲究研究策略，利用自身优势克服这些困难，积极参与课题研究实践。

教师处于教育教学第一线，对教育教学实际有切身体会，具有比较丰富的教育教学实践经验，了解教育教学实践中存在的问题。教师可结合实践经验选择研究课题，提高教育科研的针对性和实效性，使教育科研能够切实解决教学实际问题。

在课题选择方面，教师应扬长避短，力求课题研究的"小""实""活"。

"小"是指研究课题小，尽可能多地进行小课题研究。有些学校、教师不顾自身的实际情况，盲目追求研究课题的级别和档次，贪大求全，这显然是不可取的。教育教学中的问题有大有小，研究大问题固然有价值，研究小问题同样也有意义。很多教师时间和精力有限，可以考虑多做小课题研究，以小见大，做深做透。

"实"是指研究实际问题。相较于教育教学理论专家，中小学教师进行理论研究并不一定有优势，因此应扬长避短，多从教育教学实际出发。中小学教师可以对教学实践中的突出问题进行针对性研究，探究解决实际问题的新思想、新方法、新路径；或总结教育教学实践经验，将经验上升为教育理论。

"活"是指研究方法要灵活。教师在进行课题研究时，可采取多种研究方法，除常用的文献研究法、理论研究法、实验研究法、调查研究法外，还可采用课堂观察法、案例研究法、经验总结法、校本研究法、行动研究法等，从实际出发，根据所研究问题的特性，灵活选择研究方式。

（三）加强学习，提高教育科研的素养

教师进行课题研究需要有相应的教育理论基础和研究能力，长期以来，中小学教师存在科研素养薄弱、研究能力相对不足等问题。不少教师想参与到教育科研活动中，但由于研究能力欠缺，使得研究活动难以落实。因此，教师应加强学习，提高教育科研素养。

要提高教育科研素养，成为一名研究型的教师，教师应秉持终身学习的理念，一方面努力学习教育教学知识，提升自己的理论修养；另一方面不断学习他人的实践经验，开阔自身视野。

1.学习理论知识

当今时代，新知识层出不穷，知识更新周期不断缩短，教师应不断学习理论知识，更新自身知识储备。只有加强理论学习，教师才能利用先进的教育教学理论指导自己的教学和研究，使教学和研究更具科学性、前瞻性。

2.学习他人经验

随着基础教育改革的推进，出现了很多教育教学的新经验、新方法、新举措。教师应善于向他人学习，在学习交流中总结经验，破除自身的局限性和片面性，为教育教学研究提供丰富的素材资源。

第二节 青年骨干教师的培养

青年骨干教师教学实践能力较强，教育教学成绩突出，具有一定的教育教学研究能力，能够从教育教学岗位上脱颖而出。

青年骨干教师是促进学校教育优质发展的主力军，是课程建设及教学改革中的重要力量，是提高教学质量和学科发展的关键。

一、青年骨干教师成长阶段

青年骨干教师的成长过程可划分为适应期、定型期、突破期、成熟期四个阶段。

第一阶段是适应期，此时新教师刚刚步入岗位，具备一定的专业知识和教育理论素养，但较为缺乏实践经验、实践智慧、缄默知识。这一阶段，教师发展的关键在于怎样将知识转化为教学能力，实现理论与实践的初步结合和转化。

第二阶段是定型期，也称速发阶段，这是教师分化发展、基本定型及成绩显著的阶段。这一时期是骨干教师成长的关键时期，教师根据成长路线差异可分为经验型教师和知识型教师。当教师选择在教学实践方面继续努力，全面提升自身教育教学管理技巧时，其会成为基本功扎实娴熟、教学经验丰富、教学效果明显的经验型教师；当教师选择强化教学基本技能，侧重系统教育理论和专业知识学习时，其会成为知识面宽广、教学理念先进、高级教学技能技巧相对滞后的知识型教师。

第三阶段是突破期，这一时期通常伴随着高原现象，即教师遇到发展瓶颈，步入缓滞期和痛苦的蜕变期。这一时期教师发展的关键在于找到教学理论与教学实践的结合点，知识型教师应对所掌握的理论知识灵活运用，在教学实践中消化所学知识并内化为自身教育思想或理念，转变为教学技能技巧；经验型教师则应系统地学习教育理论知识，并将自身在教学实践中形成的教育实践智慧转化为明确知识。

第四阶段是成熟期，此时期的教师能够将理论知识与缄默知识互相转化与融合，具备扎实的专业知识、优秀的教学技能。这一时期教师专业发展的关键在于不断提升自身素质，具备创新意识和精神，努力形成自身独特的实践操作体系、教学思想、教育理念，成为具有自身教学特色和风格的优秀教师。

二、青年骨干教师特点

青年骨干教师作为"教坛新秀"，具有以下几种特点（图 6-2）。

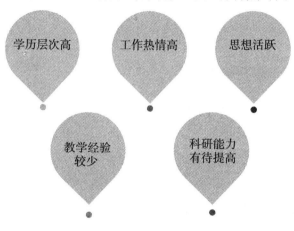

图 6-2　青年骨干教师的特点

（一）学历层次高

随着我国教育事业高速发展，我国中小学青年教师逐渐呈现学历层次逐渐升高的特点。目前我国青年教师步入教师岗位的年龄多集中在 22 岁到 25 岁，一般具有本科或研究生的学历。

较高的学历层次意味着青年教师专业知识相对基础较好，并具备系统的教育教学理论知识体系。

（二）工作热情高

青年教师身体健康、精力充沛，有较强的上进心、好胜心和自尊心。由于事业处于起步阶段，他们对工作和生活充满了热情，具备崇高的教育理想，期待在教育事业上有所成就。

（三）思想活跃

大多数青年教师具备新时代青年特有的前卫思想且对新事物接受能力较强。这些思想会通过教学体现在课堂上，引起学生的共鸣，对教学起到促进作用。

此外，由于青年教师具备系统的教育教学理论和专业知识，思维较为敏捷，因此对教育教学工作有强烈的求知欲。从职业生涯的角度来说，青年教师处于教师职业的黄金阶段，有很好的可塑性。

（四）教学经验较少

教学是教师的基本职责，也是教师的立足之本。青年教师走出校园，直到成为"教坛新秀"，不过经历数年时间。这期间他们虽积攒了一定的教学经验，不断提升自身的教学水平，但教学经验和教学技巧仍有不足。实践与反思是促进青年教师快速成长的关键。

（五）科研能力有待提高

青年骨干教师主要将精力放在教学方面，科研能力较为薄弱。由于参与工作时间不久，他们虽然对教育科研充满热情，但科研经验不足，仍处于探索阶段，参与重大课题项目的机会不多。

此外，青年骨干教师多处于定型期和突破期，还在不断积累教学经验，提升自身教学技巧。通过探索教学理论与教学实践的结合点，不断提升自身科研能力，这样，青年骨干教师才能得到进一步发展。

三、青年骨干教师成长要素

青年骨干教师的成长要素包含良好的从教心理、先进的教育理念、丰富的知识内涵、综合教育能力、优秀的反思总结能力。

（一）良好的从教心理

良好的从教心理是青年骨干教师的工作动力，包含积极的工作态度、崇高的职业理想、职业认同感等。

积极的工作态度源于青年教师正确的职业观。教师如果不能对工作认真负责、充满热情，那么就无法高效地执行和落实工作任务。青年教师从一名普通教师成长为骨干教师，积极的工作态度发挥了重要作用。以认真负责、全力以赴的工作态度对待教学，青年教师才能不断成长，实现个人价值。

崇高的职业理想是青年教师充满使命感、责任感的源泉。职业理想的形成并不是一朝一夕之事，青年教师在教学工作中要主动树立职业理想，将"教书育人""以德树人"当作人生最高追求。青年教师在明确职业理想的过程中，应关爱学生，努力成为学生的良师益友，成为学生健康成长的指导者和引路人。

教师是培养精神、塑造灵魂的职业。教师一般拥有强烈的自尊心。青年教师步入岗位后，对教师职业充满热情，但工作并不都是一帆风顺的，他们常会在繁杂的工作事务和人际交往中产生挫败感或职业倦怠。为使青年教师的从教之路能够长久，应引导青年教师建立职业认同感。

（二）先进的教育理念

教育理念是指教师在对教育本质的理解基础上形成的教育观念和理性信念，青年骨干教师的快速成长需要先进的教育理念引领。青年教师通过学习教育理论，深入了解教育本质，而只有学习先进的教育理念，才能提高教学组织能力，并在教育教学过程中实现教育目的。

教育理念能够对青年教师起到激励作用，其凝结着人类的智慧和情感。青年教师在坚持教育理念的过程中，将感受到教育的力量，从而确定自身的教育理想，并为之奋斗。

教育理念是教师在教育教学工作中行动的指南，可以对教师起到约束作用。青年教师学习先进的教育理念，并根据教育理念开展教学工作，能够切切实实地规范自身言行，使自己成为合格的教师。

青年教师在寻求教育理念、形成教育理念的过程中，能够有效总结自身教育经验，从而对教学工作起到促进作用。

（三）丰富的知识内涵

青年教师成长的基本要素之一是丰富的知识内涵。作为教育工作者，教师不仅需要具备扎实的专业知识，还应具备丰富的非专业知识，只有这样才能在教学时调节语言内容，调动学生积极性，激发学生学习兴趣。

学而不厌，海人不倦。青年教师应热爱学习，崇尚科学，严谨笃学，成为学生的榜样。只有坚持不懈地努力和学习，青年教师才能掌握更多新知识、新技能，才能不断提高自身的专业能力。

在日常的工作学习中，青年教师不仅需要学习学科知识、教学知识，还应多了解、学习学科外的知识，不断积淀背景性知识，提升知识素养。此外，教师还可以根据学生喜好调整阅读内容，通过学生的兴趣和爱好了解学生心理。

（四）综合教育能力

教育能力是教师的核心能力，青年教师通过不断提升自身综合教育能力，实现专业化发展。综合教育能力分为教学能力和德育能力，教学能力包括语言表达能力、教学组织能力、思维能力、沟通能力等；德育能力包括了解和研究学生能力、心理健康教育能力、协调沟通能力、指导学生品德发展能力、教育机智等。

青年教师实现专业化的关键是不断提升自身综合教育能力。教师要提升综合教育能力首先应具备良好的教学基本功，教学基本功是其完成教育任务必备的基本技能。教师可以通过对基本功如教学设计、板书等的大量练习，将基本功转化为教学能力，从而提升教学质量。此外，青年教师还应加强对教学技能技巧（如教材处理、教学方法等）的学习。通过对教学技能技巧的掌握，青年教师能够正确处理教材、灵活运用教学方法，全面提高自身专业技术和教学水平。

青年教师不仅要注重教书，更要重视育人。教书者必先强己，育人者必先律己。教师在日常工作中，应加强师德修养，坚持以德立身、自尊自律，以自己高尚的情操和优秀的道德风范教育、感染学生，通过言传身教的方法达到教育目的。此外，青年教师还可通过实践教学、研究学生、与学生交流等不断提高自身德育能力。

（五）优秀的反思总结能力

青年教师教学经验较少，要实现快速成长，应充分利用有限的教学经验，通过不断反思总结提升自身的专业能力。优秀的反思总结能力是青年教师不断提升自我，实现专业化发展必不可缺的能力。

在教育教学工作中，青年教师应养成教学反思总结的习惯。教学反思总结是青年教师提高专业素质最有效的途径。教师通过对自身教学行为进行反思并总结经验，思考解决教育教学活动中存在的问题，不断更新、改善自身具体教学行为，提高教学水平。

青年教师可通过内省反思、交流反思等方法进行教学反思。内省反思是教师主动对教育教学实践进行反思，包括写反思日记，对教学实践进行小结、反思；通过录像记录自己的教学过程，观看录像进行反思；以专题形式对自身教学观念、教学行为进行记录和反思，并提出努力方向等。交流反思是教师通过与同事、专家等交流反思自身教学行为，在互助合作中进步。

青年教师通过对自身教育行为的不断反思和总结，完善自身教学经验，提高自身专业能力，从而实现快速成长。

四、青年骨干教师培养途径

青年骨干教师的培养从广义上来说是对青年教师进行培养，笔者根据青年骨干教师的成长阶段、特点等，提出以下几种培养途径，以供参考。

（一）完善青年教师学校培养制度

学校是青年教师工作的重要场所，学校应完善青年教师培养制度，在督促青年教师自我成长的同时，为青年教师提供良好的成长环境。

1.组建培养青年教师的领导小组

培养青年教师是全方位的系统性工作，要提高学校培养效率，保证青年教师学校培养工作的顺利开展，应组建培养青年教师的领导小组。领导小组的主要职责是制订培养计划并组织实施。

制订培养计划包括确定具体培养目标、制订分层培养体系等。例如，提出青年教师"一年入门、二年达标、三年创优、四年冒尖、五年成才"的具体目标；针对青年教师不同成长时期，分层制订培养体系。

组织实施则是对青年教师培养工作进行研究、布置、检查、指导和总结。

教务处、教研组、年级组应定期加强对青年教师的教学常规检查，促使他们尽快成长。

2.采取"导师制"培养方法

学校可以采取"导师制"培养方法，即为每位青年教师配一名思想作风好、学术水平高、教学经验丰富、治学严谨的骨干教师担任指导教师，帮助青年教师尽快提高教学水平，增强教科研能力。

指导教师可以通过公开课教学、示范课教学等活动，向青年教师传授教学经验，使他们能在较短的时间内，成为一名合格的教师。青年教师可以通过请教导师、与导师交流等不断提升自身教学能力。

此外，还可以采取"同步移植法"缩短青年教师适应周期。同步移植法要求青年教师与同年级同学科教师、与导师的教学进度同步，资料讲义同步，考试辅导同步，通过听课、上课进行教案、教法移植。

3.督促青年教师进行专业发展规划

学校应督促青年教师规划个人专业发展路线，制订个人发展计划，如要求青年教师制订个人五年发展计划，并根据发展计划制定短期成长目标等。青年教师应对教师专业发展、个人能力等有整体认知，通过自我剖析，选择适合自身专业发展的道路，制定发展规划。长远的发展规划有利于青年教师明确发展道路，并时刻鞭策、激励自己。此外，青年教师可根据发展规划制定详细目标，通过不断完成目标一步步完善自我，逐渐成长为骨干教师。

4.完善校本培训课程体系

学校应建设完善的校本培训课程体系，并针对青年教师不同成长时期，开展青年教师培训项目，如入职培训、职后培训等。

入职培训主要针对刚入职的青年教师，包括教学基本功训练、教师工作内容培训、教师行为规范培训等，帮助教师实现从学生到教师的角色转变。入职培训应加强教师角色意识培养，从师德规范、教学规范、管理规范三方面入手，明确教师的职责和要求。此外，学校可通过"导师制"对新教师的备课、上课、作业布置和批改等进行具体的规范和指导，并进行严格的教学基本功训练。在入职培训期间，学校对青年教师的工作安排不宜过多、工作量不宜过重，应保证青年教师培训、听课观摩、备课研讨和思考总结的时间。

职后培训则针对所有青年教师，因此应根据青年教师具体情况设计培训课程，运用多种培训方式，帮助青年教师实现专业化发展。例如，围绕青年教师在实际教学中遇到的问题，组织教学研讨会；组织青年教师有针对性地学习先进教学理念和教学方法；组织青年教师轮流主讲研究课、观摩课；通过习题课、指导实验课、教学研讨、教学演练、经验交流等方式提升青年教师综合专业能力。

5.促进青年教师参与校本科研

教育科研能力是青年教师成长为骨干教师必须要具备的能力。青年教师刚步入职场，工作重心在教学工作上，学校应督促青年教师积极参与校本科研，在提升教学能力的同时锻炼科研能力，为成长为专家型骨干教师打下坚实基础。

青年教师科研经验不足，可从最基础的教研活动开始，培养自身发现问题、解决问题、进行总结的能力。通过参与教研活动，青年教师将具备基础的研究能力，之后青年教师可逐渐参与到学校的科研项目中，不断积累经验，提升自身科研能力。

（二）利用教学实践促进青年教师成长

教学实践是青年教师快速成长的重要途径。在实际教学工作中，学校应引导教师充分利用教学实践，以达到快速积累教学经验，并将教学经验转化为综合教学能力的目的。

教师想要在教学实践中收获更多，需要将普通的教学实践转化为反思性教学实践。反思性教学实践是指教师对自身教学实践活动以及内隐其中的知识、观念进行有意识的思考，并将思考结果反馈于教学实践，使之得到改善。普通的教学实践对教师的专业化成长影响有限，反思性教学实践是教师得以长足发展的关键。学校可通过以下措施，引导教师进行反思性教学实践，并在实践中不断提升个人能力。

1.组织集体备课活动

反思性教学实践贯穿课前、课中、课后，虽然最为常见的是教学后反思，但是教学前反思也不应被忽视。学校可通过组织同年级、同科目教师进行集体备课的方式，引导教师培养教学前反思的习惯。

在集体备课中，老教师可以向青年教师传授经验，如教学课程重难点、学生可能会遇到的问题等。青年教师可以抓住机会，吸收集体智慧，实现个人提升。

集体备课应遵循一定流程，如钻研教材—掌握学生学习特点—处理教学内容—设计教学方法—安排教学程序—预测突发情况等，固定备课流程能够帮助青年教师养成课前备课反思的习惯。

集体备课期间，青年教师在努力钻研教材、研究学生学习特点后，可以根据课程内容设计各个教学模块，安排教学流程。此外，教师在教学设计结束后，应反思课程知识体系构建，参考课件、资料等重新整合知识，使整体知识构架更加完善、合理。

2.要求教师记录教学反思

学校可通过要求教师记录教学反思的方式，促使教师进行反思性教学实践。青年教师在撰写教学反思时，应包括成功之处、不足之处、教育机智、学生创新、再教设计等。

（1）记录教学成功之处，可以使青年教师在遇到相似情境时参考使用，并在成功的基础上不断改进完善，将这种短暂的教学成功逐渐转化为稳定的能力。

（2）记录教学不足之处，可以使青年教师对不足进行回顾、梳理和剖析，在不断探究中为后续教学提供借鉴。

（3）记录教育机智即记录在教学中因偶发事件而产生的灵感，这种灵感稍纵即逝，因此应及时记录。青年教师记录教育机智后，可在出现相似情境时进行实践，或将教育机智转化为可以施行的路径。

（4）学生在课堂中经常会有独特见解，教师可以在肯定学生后进行记录，拓宽自身教学思路。

（5）教师应在教学工作结束后撰写再教设计，思考面对课堂上出现的问题，如果"再教一次"，要如何将其更为妥善地解决，做到精益求精。

（三）利用院校培训促进青年教师成长

院校培训是教师专业化成长的重要途径。学校应为青年教师提供院校培训机会，促进青年教师的进一步发展。院校机构应根据不同青年教师的发展方向、发展时期和层次，设计不同的培训项目，促进青年教师快速成长。

院校机构可根据青年教师发展时期、层次等设计培训课程。例如，针对刚入职青年教师进行教学基本功、教师职业规范等的培训；向定型期教师提供先进的教学理论、教学研讨、案例研究、教学技巧等课程，帮助其提升综合教学能力，掌握更多教育教学理论；对突破期教师开展心理辅导、教育科研能力培养、教学专题等课程，帮助其平稳度过高原期，实现进一步成长；对成熟期教师提供个性化培训课程，促进教师形成独特的教学风格，使其专业能力更上一个台阶。

五、青年骨干教师培养流程

青年骨干教师的培养应该由教育部门、学校、教育院校共同参与。在培养过程中，可以引进竞争机制，通过选拔程序等，实现中小学青年骨干教师的高效培养。青年骨干教师具体培养流程包括培训、选拔、评定、核心辐射等环节（图6-3）。

图6-3　青年骨干教师培养流程

（一）培训

培训是中小学青年教师角色转换、岗位适应的基础保证，也是其素质提升的基础保证。培训由教师所在学校提供，既包括校本培训，也包括学校统一组织青年教师到教师教育院校机构进行的集中培训。

在培训中，青年教师获得一定成长，并逐渐展露出自身才能，这就为后续教师选拔奠定基础。

（二）选拔

青年教师在教学岗位上有所成长后，可通过一定选拔程序，使其中的优秀者脱颖而出，并将其作为教师队伍中坚力量进行培训。这一阶段选拔出的青年教师，可为其提供专业培训、比赛机会，促进其在培训中提高，在实践中成长，在比赛中锻炼自我。

选拔并不是认定，这些被选拔出的青年教师是青年骨干教师的培养对象，通过观察、培训、实践、鼓励，促进青年教师快速成长为青年骨干教师，为中小学青年教师搭建专业化发展平台。

（三）评定

评定即评价和认定。青年教师具备较强的事业心，评定能激发青年教师自我提高、自我创新的内在动力，从而推动青年教师不断追求卓越，不断探索教育教学事业。通过培训和选拔出来的青年教师，经过一轮（一年为一轮）的青年骨干教师预备期培训和实践运作，由培训单位和教师考评小组进行综合考核、评价和认定。

（四）核心辐射

青年骨干教师不应只属于某一乡（镇）、某一学校，而应成为区域教育资源，发挥更大辐射作用，带动地区教育事业发展。教育部门可以有计划、有组织地安排青年骨干教师送教下乡，充分发挥青年骨干教师的引领示范作用，促进地区青年教师成长。从青年骨干教师自身发展需求看，其在向外示范、辐射的同时也能通过互动从外界获取信息，从而为再发展补充能量。

第三节　优秀班主任培养

班主任是中小学日常思想道德教育和学生管理工作的主要实施者，是中小学生健康成长的引领者，是学校领导者进行教育、教学工作的得力助手，是协调任课教师的教育工作和沟通学校与家庭、社会教育的纽带和桥梁。

作为中小学教师队伍的重要组成部分，班主任在教育教学工作中扮演着不可或缺的角色。在日常教学中，班主任与学生接触的机会最多、时间最长，是学生效仿的对象，其言行能够对学生的思想、行为产生深远影响。学校教育教学工作质量的好坏与这所学校的班主任队伍有密切关系，要提高学校教学质量，应培养更多优秀班主任，组建符合新时代教育创新发展、具备深厚专业素养的班主任教师队伍。

一、班主任工作内容

班主任承担着班级管理、学生思想教育、处理教育教学事务、协调教育力量的职责，其工作较为广泛，具体包括以下内容（图6-4）。

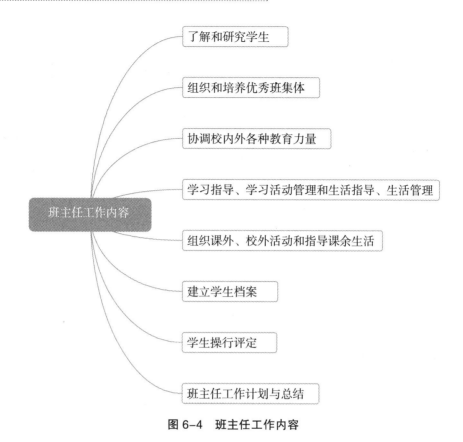

图 6-4 班主任工作内容

（一）了解和研究学生

班主任担负着教育、培养学生的任务，要教育学生，首先需要了解、研究学生。了解和研究学生是班主任工作的出发点，是班主任开展工作的前提和基础。班主任只有深入了解和研究学生，才能有效开展教育工作。

班主任在制订学生教育计划时，应从学生实际情况出发，分层次、分阶段确定教育教学目标。

了解和研究学生包括对班级群体和班级个体的了解和研究，这是做好各项班级教育工作的前提，也是教育教学过程中有效开展各项工作必不可少的基本环节。

（二）组织和培养优秀班集体

班集体不是自发形成和发展的，而是班主任按照一定的教育规律创建起来的。学生在学校的学习、生活大都是在班级中进行的，班级是学生组织的基本单位，也是教师和学生开展活动、进行信息交流的最基本的组织形式。

组织和培养班集体是班级管理的中心工作。班主任应有计划、有组织地在短时间内有效地组建班集体，具体工作内容包括：①确定班集体的发展目标；②建立班集体的核心队伍；③建立班集体的正常秩序；④组织形式多样的教育活动；⑤培养正确的舆论和良好的班风。

（三）协调校内外各种教育力量

学生的发展是由社会、家庭、学校共同推动的，只有各种教育力量相互协调，并形成巨大合力，才能保证学生健康成长。这些教育力量既包含班主任的教育培养，也包含任课教师、学校、家庭及社会的影响，想要各种教育力量相互配合，需要班主任发挥协调作用。

班主任要对班级实施有效的教育与管理，必须争取校内外各种教育力量的配合，调动各种积极因素。在校内，班主任应成为任课教师、学生和社团组织之间的纽带，彼此分工合作，指导学生的各种活动；在校外，班主任要与学生家庭和社会有关方面取得联系，加强学生的思想道德教育。

（四）学习指导、学习活动管理和生活指导、生活管理

班级是学校开展教育、教学工作的基本单位，是学校教育教学工作计划的最终落脚点。因此，国家有关教育方针政策的贯彻落实，学校行政领导对于教育、教学工作改革的决议和计划，教导处、政教处、总务处有关学生教育和生活方面的指示或要求都是通过班主任来贯彻实施的。

班主任的日常工作包括学习指导、学习活动管理和生活指导、生活管理等。

学习指导包括指导学生掌握科学的学习方法，指导学生养成良好的学习习惯，指导学生制订学习计划等。

学习活动管理包括讲课、布置并批改作业、安排考试、监督学生的集体自修等。

生活指导包括对学生进行礼仪常规教育，指导学生的日常交往，指导学生搞好生理卫生，教育学生遵纪守法，对学生进行劳动教育等。

生活管理包括考勤、日常作息安排、维持各种活动的纪律、做好清洁卫生、执行守则、保持学生学习和生活的正常秩序等。

（五）组织课外、校外活动和指导课余生活

参加社会实践活动或公益劳动、清洁学校卫生、召开校运动会、举办艺术节等，一般都是通过班级或以班级为单位组织和开展。所以，组织与指导课外、校外活动也是班主任的一项经常性的重要工作。班主任还应经常关心和了解学生的课余生活，并给予必要的指导。

（六）建立学生档案

班主任的工作内容包括建立学生档案，即在全面了解学生的基础上，对掌握的材料进行分析和处理，并将整理结果分类存放起来，建立学生的档案。建立学生档案一般分为四个环节：收集、整理、鉴定、保管。

（七）学生操行评定

学生操行评定是以教育目的为指导思想，以"学生守则"为基本依据，对学生一个学期内在学习、劳动、品行等方面进行小结与评价。

（八）班主任工作计划与总结

班主任工作计划一般分为学期计划、月计划、周计划，以及具体的活动计划。班主任工作总结是对班主任整个学期工作过程、状况和结果做出全面的、恰如其分的质的评议和量的估计。

二、优秀班主任应具备的专业素质

优秀班主任相较于一般骨干教师，具有不同的工作职能，如班级管理、教育力量协调、学生操行评定、学生道德教育等。因此班主任的核心专业素质包含优秀的班级管理能力、良好的教育科研能力、高尚的师风师德、与时俱进的教育理念。

（一）优秀的班级管理能力

班级管理能力是班主任的核心专业能力，其并不是单一的能力，而是由多种能力组成，具体包括组织管理能力、观察分析能力、交往协调能力、教育机智、情绪控制能力和语言表达能力等。

1.组织管理能力

班主任应具备组织管理能力，即组织教育活动、管理班级各项工作的能力。组织管理能力具体体现在班级事务管理、学校教育与班级教育协调、学生管理等方面。

在班级事务管理方面，班主任应做到各项事务统筹兼顾、考虑问题周密，从而使各项工作井井有条。

在学校教育与班级教育协调方面，班主任应做到将学校教育与班级管理结合，形成有机整体，从而制定明确具体、切实可行的管理目标。

在学生管理方面，班主任应善于培养学生自主、自治、自理的能力，发挥学生班级主人翁的作用。

2.观察分析能力

班主任的工作内容包含了解学生、研究学生，因此班主任应具备敏锐的观察分析能力。优秀班主任能够从学生的细微表现中，捕捉学生思想情感的变化，科学地预测问题的发展趋势，顺利解决问题。

3.交往协调能力

班主任的工作职责包括协调各种教育力量共同做好教育工作，因此班主任应具备交往协调能力。班主任运用交往协调能力，与任课教师、家长建立良好的关系，充分调动积极因素，对学生进行谐调一致的引导教育。

此外，班主任的交往协调能力能够帮助其与学生建立良好的师生关系，从而更容易影响学生，提高教育教学工作的有效性。

4.教育机智

班主任应具备教育机智，教育机智即班主任因势利导，随机应变地处理各种意料之外问题的能力。在日常工作中，班主任常面临各种突发事件，处于复杂多变的情境中，教育机智能够帮助教师在最短的时间做出最合理的决定，采取最恰当的教育方式，从而取得良好的教育效果。

5.情绪控制能力

班主任在处理学生工作时应做到冷静、宽容、忍让，这需要班主任具备良好的情绪控制能力。良好的情绪控制能力能够使教师时刻处于理智状态，进而采取最恰当的方式解决遇到的问题。班主任的冷静、沉着蕴含着令人心悦诚服的力量，能够使学生从内心依靠教师、敬佩教师。

6.语言表达能力

班主任应具备优秀的语言表达能力。无论是对学生进行教育，还是与家长、校领导、任课教师沟通协调，都需要班主任具备优秀的语言表达能力。班主任通过丰富、生动、形象的教育语言对学生进行教育，启迪学生心灵；班主任用和善、亲切的语言与学生、家长、任课教师等进行沟通交流，建立完善和谐的人际关系，为创造良好教育环境奠定基础。

（二）良好的教育科研能力

教育科研能力是班主任必备的专业素质，而教师的教育科研都是围绕着具体的教学问题进行的。班主任承担着学生的教育引导工作，在日常教学中面临许多挑战，如不同性格学生的教育、后进生教育、不同成长时期学生的教育等问题。班主任面对这些问题需要进行深入了解、仔细探究、认真总结，从而促使教育工作顺利进行，促进学生健康成长。

教育科研对班主任的日常工作具有重要意义。在班级管理工作中，班主任通过教育科研不断反思探究，提升自身组织管理能力，以达到在处理班级事务时得心应手的目的。在学生教育工作中，班主任通过教育科研，对学生教育过程中遇到的共性问题和个体问题进行研究，提升自身解决问题的能力，从而提高教育质量。

（三）高尚的师风师德

班主任是学校班级工作的灵魂人物，对学生的成长发展具有重要影响，因此班主任应具备高尚的师风师德，通过优秀的品性和德行潜移默化地影响学生，引导学生形成健康高尚的人格。

班主任的师风师德包括正确的政治方向、无私奉献的品格、严谨的治学态度、为人师表的风范等。

1.正确的政治方向

我国教育的目的主要是培养社会主义事业的建设者和接班人，因此班主任应树立坚定正确的政治方向，不断提高自身思想觉悟，只有这样才能培养出有理想、有觉悟的社会主义事业的建设者和接班人。

2.无私奉献的品格

班主任的工作是"立德树人"的工作，是影响下一代发展的事业。与其他工作不同，班主任的工作带着教育使命，因此班主任应具备无私奉献的品格，爱护学生、关心学生、全身心投入教育事业中，为促进学生健康成长、发展成才而不断努力。

3.严谨的治学态度

班主任个人影响力对班级管理工作尤为重要，影响力较强的班主任能够更好推动班级工作。班主任个人影响力的重要来源是严谨的治学态度，即在工作上精益求精、锐意进取。班主任严谨的治学态度能够对班风产生积极影响，促使学生不断进取，使班级成员终身受益。

4.为人师表的风范

班主任作为班级管理者，应以身作则、严于律己，为学生做出表率，展现为人师表的风范，这样学生才会"亲其师，信其道"，才能营造温馨和谐、积极向上的班集体氛围。

班主任要展现为人师表的风范，应从品格、仪表、态度、胸怀等四方面入手。班主任应严格约束自己，用高尚的品格感染学生；班主任应注重仪容仪表，用得体的行为举止、穿着打扮展现良好的精神面貌；班主任应用和蔼的态度对待学生，注意自身言辞，维护学生自尊心；班主任应以博大的胸怀爱护学生，不因成绩好坏而区别对待。

（四）与时俱进的教育理念

优秀班主任应拥有与时俱进的教育理念，并用先进的教育理念指导日常教育工作。例如，秉持"素质教育"教育理念，改变"唯分数论"的教学态度；强调学生的个性化发展，秉持"因材施教"的教育理念；在日常教育工作中尊重学生主体性，营造开放、民主的班级教育氛围。

三、优秀班主任培养方法

优秀班主任的专业化发展离不开实践、培训、教育科研和自主学习，结合班主任的工作内容和优秀班主任应具备的专业素养，笔者提出以下几种优秀班主任的培养方法（图6-5）。

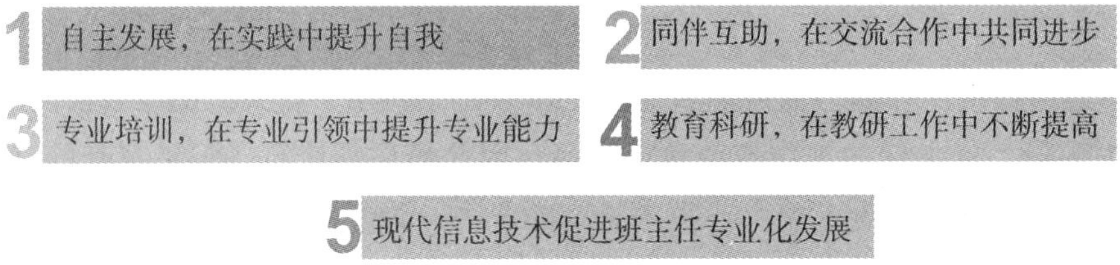

| 1 | 自主发展，在实践中提升自我 | 2 | 同伴互助，在交流合作中共同进步 |
| 3 | 专业培训，在专业引领中提升专业能力 | 4 | 教育科研，在教研工作中不断提高 |

5 现代信息技术促进班主任专业化发展

图 6-5 优秀班主任培养方法

（一）自主发展，在实践中提升自我

工作实践是锻炼、提高班主任业务水平和专业素质的主要途径。班主任在工作实践中，可通过自主学习、自我反思不断提升自我。

1.自主学习

教师是需要终身学习的职业，具备自主学习的职业特点。班主任的工作职责导致班主任较难实现脱产进修，因此需要在岗学习。班主任在自主学习过程中可以充分利用教学实践，并根据自身需求选择学习内容，在个性化的自主学习中不断丰富和发展教师实践智慧。

在日常工作中，班主任常会遇到突发事件，对于一些具体、特殊的问题，班主任可以随时通过上网了解信息、与同事和朋友交流等自觉分析问题、寻求解决策略，不断丰富自身教育经验和实践知识，从而适应班主任工作的新挑战。

2.自我反思

教师的成长离不开经验和自我反思，班主任在自我反思中不断进步，实现自我发展。自我反思是指班主任对自己的教育行为、教育结果进行审视和分析，从而改进自己的工作，使其更合理的过程。

反思分为五个阶段：①发现情境中需要解决的疑难问题；②对疑难问题进行分析，明确疑难问题是什么，在哪儿；③提出各种可能的解决方案；④根据已有知识、经验和观察的事实进行初步推断；⑤运用行动检验解决方案。

在实际反思过程中，班主任可根据具体的情况进行操作，在自我反省中不断提升自身教育教学能力。

班主任在工作实践中，应该让反思成为一种习惯，在反思中审视自我、认清自我、不断完善自我，尽可能减少工作中的盲目性，增强自觉性，取得工作的主动权，更出色地把班级管理工作做好。

（二）同伴互助，在交流合作中共同进步

教师通过与同伴共同研讨教育教学问题、分享教育经验，能够更好地改善教育策略，从而获得较好的教育成效。因此，加强教师之间的合作交流，形成同伴互助团队是培养优秀班主任的重要方法。

在班主任专业发展中，可通过师徒帮带、对话式同伴互助、专题式同伴互助等方法促进教师合作交流，实现教师的共同进步。

1.师徒帮带

师徒帮带通常由学校组织，利用学校的骨干教师来帮扶新教师，采取诸如青蓝工程、师徒结对等方式，促进新教师快速成长。

师徒帮带具有互动性，不仅能够使年轻教师在老教师的指导帮助下获得进步，还能够使老教师从年轻教师身上获得启示和带动。有效的师徒帮带形式应当追求"教学相长"的互助学习和共同发展的"双赢"效果。

2.对话式同伴互助

对话式同伴互助是教师之间最为灵活的交流互助方式，不受时间、空间和话题的限制，是体现成人学习"偶发性"特点的同事互助学习。

班主任在日常与同事交流时，往往离不开教育学生、管理班级等话题，这些话题可能是教师中共同存在的问题，也可能是某位教师遇到的突发问题，还可能是对社会热点问题的探讨。虽然这些谈话没有明确的主题，甚至可能没有中心，但却是教师的专业理解、经验以及思想的流淌和分享，能够直接迁移到不同教师的教育工作中，帮助教师增加教育和管理经验，加深教师对问题的理解。

班主任应重视日常生活中与同事的即时交谈，随时汲取教育智慧，丰富自身的专业修养，同时乐于与同事分享自己的经验和思想，让彼此在专业探讨、思想碰撞中共同提高。

3.专题式同伴互助

专题式同伴互助是较为规范的教师合作学习互动，有详细的计划、明确的主题和时间安排，多体现为教研组、年级组、班级任课教师组等不同层面、不同人员参与的教师研讨和学习活动。

专题式同伴互助学习需要专门人员负责，在调查学习需求的基础上确定学习专题、进行学习规划。教师针对专题共同交流、学习、探讨，在交流合作中不断提升自身专业能力。

专题式同伴互助是学校开展校本培训的重要形式，也是班主任加强合作、共同发展的有效策略。有效组织同伴互助，可以突破学校中教师之间的相互隔绝，形成相互协作、相互支持、相互促进的教育研究氛围，有效地促进教师在互补共生中成长。

（三）专业培训，在专业引领中提升专业能力

在专业培训中，专业人员通过课程传递教育理念、教育思想、教育方法和教学经验，从而带动教师开展教育实践探索，提高教师专业能力。

专业培训的主要形式有学术报告和专题讲座、交流对话、课程培训等。

1.学术报告和专题讲座

学校可邀请教授、专家等进入学校开展学术报告和专题讲座，这是最为常见的校本培训方式。这种培训方式能够帮助教师开阔教育视野，了解教育改革发展动态，解决教学疑难问题等。

学术报告、专题讲座等形式能够使教师在短时间内获取较多信息，但由于是传统的灌输式讲授方法，无法保证教师学习效果。在开展学术报告和专题讲座后，应有跟进措施，引导教师将学习内容与原有经验建立联系，激发教师思考、研究的积极性。

2.交流对话

交流对话是指学校邀请相关专业人员进入学校，结合教育现场的教育情境、实践等，与班主任进行面对面体验、观察和深度交谈，帮助班主任解决教育实践中遇到的困难。

教师与学者、专业教育者进行交谈，可根据自身需求进行提问。这种学习形式气氛宽松、针对性强，教师可以在交流中寻找解决问题的方向。此外，这种交流对话是在双方平等交流的基础上进行的，平等、对话、协商的活动方式能够对教师的日常教育活动起到示范引领作用，让教师在解决实际问题的同时，学习到创设平等学习交流氛围的经验。

3.课程培训

课程培训是培养优秀班主任的重要方法，是指学校或地区结合班主任的专业发展需求，邀请专业人员担任指导者、培训者，对班主任进行集中培训。此外，学校还会通过暑期班等形式组织班主任到专业院校进行课程培训。

在课程培训中，班主任可以系统地学习教育教学、班级管理、科研等方面的知识技能，体验更多学习方式。在班主任培训中，院校机构和专业人员等根据班主任的工作内容设计培训课程，如培训班主任个体教育技能、群体教育技能、心理咨询技能、教育教学技能等。

此外，还可根据班主任日常面临的教育问题开设专题研讨课程，通过共同交流、研讨帮助班主任掌握解决具体问题的方法，提高自身的教育能力和班级管理能力。

（四）教育科研，在教研工作中不断提高

优秀班主任培养离不开教育科研，班主任只有在教育实践中不断反省、探索、研究，进行教育科研，才能不断提升自身专业修养和专业能力，实现由普通教师向优秀教师的转变。

在日常工作中，班主任可通过反思总结、教育课题研究、撰写教育科研论文等方式开展教育科研活动，提升自身教育科研能力，实现专业化发展。

1.反思总结

没有反思的经验是狭隘的经验。班主任通过总结和反思，反省自己的教育观念、教育行为及效果，只有这样才能及时调整教育策略，提升教育质量。反思总结是教研工作的重要内容。班主任应养成随时反思总结的习惯，这样思考才能愈加深入，并逐渐养成反省思维。

要养成反思总结的习惯，首先应将反思制度化、规范化，即安排固定时间，制订每日反思计划、每周反思计划、每月反思计划。其次可以设计"问题单"，主要涉及自我认识、活动领悟、策略运用三个方面，每当教育实践活动完成时，坚持从这三方面追问自己，从而养成反思习惯。此外，班主任在日常工作中，还要勤于记录，如记录失败之处、教育机智、偶发事件、与同事交流所得等。最后班主任应养成写教育日记的习惯，在教育日记中记录班级管理反思、工作态度反思、教育事件反思、工作经验反思等，通过反思总结改进自身教育行为，增加教育智慧。

2. 教育课题研究

教育课题是指在教育科学领域内，有明确而集中的研究范围和任务，能够通过研究加以解决的具有普遍意义的问题。课题主要源于教育实践和文献两大方面，如在教学实践中受某一教育现象启发，选定研究课题；或阅读教育理论资料受到启发，选定研究课题。

班主任长期处于教育一线，具有天然的教学实践优势，因此应确立"问题即课题、教育即教研、成果即成长"的理念，将日常工作与教育科研相结合，将班级管理中遇到的问题转化为课题，积极开展课题研究。

班主任可以通过自我学习和研究提高自身解决问题的能力，还可以邀请专业人员参与课题的开题论证、中期检查、成果鉴定，在专业人员指导下规范课题研究流程，提高自身教育科研能力。

近年来，教育课题研究让教育理论充满实践意义。专业人员与实践教师共同携手研究教育实际问题，探寻教育的本源与价值，已经成为一种较为常见的研究方式。

3. 撰写教育科研论文

教育科研论文是教师对某一学科领域中某些问题进行专题研究和探讨并取得一定成果后，将研究方法及成果进行系统整理所写的文章。这些文章不仅是教研成果的记录，也是教育教学研究的工作总结，还是衡量教师学术水平的重要标志。

撰写教育科研论文是教研工作的重要内容，其不仅能够反映教师的专业水平、科研能力和创造能力，还能够促使教师进一步开展研究，加强学习，使研究工作趋于完善。此外，教育科研论文对教师的业务考核和晋升具有重要意义。

不少教师教学经验丰富，教学能力优秀，但却无法撰写教育科研论文，一方面是不知道写哪些内容，另一方面是不知如何写。教育科研论文的难点在于素材、题目等，教师可以在实践中不断积累素材，在教学反思中总结、提炼教育问题、心得，从而确定选题，撰写教育科研论文。

优秀班主任在做好班级教育和管理工作的同时，应善于记录工作点滴，积极撰写教育心得、论文，不断提高教育水平。

（五）现代信息技术促进班主任专业化发展

随着现代信息技术的发展，网络逐渐融入人们的工作、学习、生活、娱乐等领域。现代信息技术在教师教育领域中发挥着越来越重要的作用，为班主任日常工作和专业化发展提供强有力的支持。

1.网络研修

网络学习成为当今成人教育的重要形式。优秀班主任培养作为成人教育，也可通过网络研修的方式促进班主任专业化发展。网络研修相较于传统教师研修，具有更高自由度，形式和内容也更为丰富。

班主任的日常工作较为繁杂，传统的培训形式需要集中占用大量时间，势必会对工作造成一定影响。班主任通过网络研修进行学习，不仅可以自由选择时间，还可以自由选择内容，享受高质量教育。

此外，网络研修为教师提供较好的学习平台。例如，在课程讨论区，教师可以了解其他教师观点，开阔自身眼界和思维，同时可以表达自己的观点，与同行充分交流；在教育论坛，班主任既可以思考其他同行提出的教育问题，也可以分享自己的班级管理经验，还可以学习他人的教育教学经验。此外，培训平台拥有丰富的资料和视频资源，学员可以研读相关案例和文献，并且进行互动交流，在相互交流中增长见识；也可以观看名家培训视频，不断提高自身教育认知，提升自身专业能力。

2.网络交流平台

班主任的主要工作内容包括协调教育力量、教育学生等。网络为班主任工作提供了更为便利的交流平台。

（1）协调教育力量。班主任可以通过通讯软件，如 QQ、微信等与学科教师、学生家长等加强联系，协调各方教育力量，促进学生健康成长。例如，某位学生近期心理出现问题，学生家长无法到校向教师当面了解情况，班主任就可以通过通讯软件与家长进行交流，并深入剖析出现这个情况的原因，抓住问题重点，加以解决。

（2）教育学生。师生关系对教育效能具有重要影响，教师应与学生建立相互信任、尊重，彼此接纳、理解的良好师生关系，以产生良好的教育效果。建立良好的师生关系需要教师懂得如何与学生沟通，网络为教师提供了另一种沟通交流平台。例如，学生在学校与教师面对面交流时，往往会有一定压力，无法敞开心扉，教师可利用通讯软件，通过文本、语音、图片等与学生沟通，减轻学生压力，使沟通氛围更加融洽。此外，网络还可以做到匿名聊天，班主任可通过这一形式侧面了解学生状况，聆听学生倾诉。

第七章 中小学骨干教师培养展望

我国中小学骨干教师培养工作经过多年发展，已形成一套较为完善的人才培养体系。随着我国教师教育事业的不断发展，骨干教师培养也应紧随时代潮流，充分整合各种教育力量与资源，尊重教师个人需求，促进教师更好地成长与发展。

院校协作是教师教育的重要发展方向，特色教师是骨干教师的重要培养方向，骨干教师在未来教师培养方面能够发挥重要作用，因此本章将从院校协作、特色教师培养、发挥骨干教师作用等三方面对中小学骨干教师的培养进行展望。

第一节 珠联璧合：院校协作培养教育人才

我国传统的师范教育采取三级师范教育体制，即由中等师范学校、高等师范专科学校、师范学院或师范大学分别培养小学、初中和高中教师队伍的教师职前教育体制。这种师范教育体制较为注重综合素质培养和实践教学，学生步入岗位后能够较快适应中小学教育教学和管理工作。

随着社会不断发展，新时代的中小学教育对教师能力提出更高要求，即教师要具备广博的知识和系统的教育教学理念。在 21 世纪初，我国逐步推进三级师范教育体制向二级师范教育体制过渡，即由高师专科和高师本科两个层次承担中小学教师职前培养任务。

二级师范教育体制以大学为主导，由于大学教育更强调高校学术性，教师教育逐渐出现重理论、轻实践的趋向，并与一线教学脱节。为保证教师教育质量，部分师范院校采取改变教学方式、延长实习或见习时间、与中小学建立互惠协作关系等方式促进中小学教师的专业化发展，院校协作成为教师教育新的发展趋势。

院校协作中"院"指高校教育学院，"校"指中小学，"协作"指高校和中小学在平等互惠的基础上，进行深层次交流，构建较为稳固的协作体系。中小学教师的培养离不开高校和中小学，二者作为不同体系，具有较强的互补性，高校与中小学相互配合，能够提高教育人才的培养质量，实现双方利益最大化的诉求。

一、院校协作的优势

院校协作培养教育人才作为教师教育新的发展趋势，具有相当多的优势，其不仅能够实现高校和中小学的优势互补，还能够推动教师教育职前职后一体化，通过形成教育科研共同体促进中小学教师的专业化成长。

（一）实现高校、中小学优势互补

院校协作实现高校、中小学的优势互补，不仅能够提高教师职前教育效果，还能够提高教师职后教育效果，培养出更多符合中小学教育事业发展的教育人才。

1.教师职前教育优势互补

长期以来，教师教育以"传递—应用"为主：高校将相关教育知识传递给学生，为学生提供教育教学理论；学生将所学到的理论知识应用到教学实践中。

要成为一名合格的教师，师范生需要具备在教学情境中联系、应用、整合知识的能力，因此教师教育应为教师专业能力的提升提供相应的个人与教学情境互动的机会，即实践机会。中小学是教师从事教育教学活动的主要场所之一，能够为师范生提供大量实践机会，使师范生在实践中系统梳理自身理论知识，提高教育教学能力。

此外，高校可聘请一线优秀教师到大学课堂讲课，高校教师根据一线教师遇到的教育教学现实问题，与先进教育理论相结合，共同研讨解决问题的办法，优化高校课程内容。

2.教师职后培养优势互补

一线教师具备丰富的实践经验，但科研意识、研究能力相对较弱。要提高中小学教育教学质量，促进一线教师的专业化成长，需要培养一线教师的教育科研能力。

高校教育研究者、教师教育者往往具备优秀的研究技能、先进的教学理念、完善的专业知识，因此可在教师职后教育中帮助一线教师提升科研能力，积淀更多教育教学理论知识。高校教师可与中小学一线教师共同开展科研项目，加强教育科研中教育理论的针对性，对教育科研起到现实指导作用，克服一线教师研究技能缺陷，保障一线教师科研质量。

对于高校教育研究者而言，与中小学教师进行科研合作能够使教育理论在实践中得到验证和更新，为高校教育科研提供新视角和实践反思，保证教育理论的科学性和实用性。

（二）推动教师教育一体化

随着终身学习理念的提出和教师专业发展理论的不断发展，人们对教师教育的认知也在完善，这促使教师教育出现"职前职后一体化"的发展趋势。打破教师教育职前培养和职后培训的壁垒不仅成为共识，也成为教师教育发展的必然要求。

师范院校是教师职前培养的主要场所，中小学是中小学教师职后专业化发展的重要场所，二者相互配合，能够为中小学教师职前职后教育一体化发展提供现实基础。

优秀中小学教师的成长并非一朝一夕之事，而是长期积累的结果，教师在职前受到的教育会影响教师专业能力的形成。院校协作能够贯穿教师的职前职后教育，使教师的专业化成长具有一定的连贯性，进而推动教师教育的一体化发展。

二、构建院校协作培养体系

我国师范院校与中小学在教师培养过程中一直存在协作，但由于合作指导形式化、合作内容较浅显等，成果并不明显。为促进高校与中小学的深度合作，应构建院校协作培养体系，建立长效机制，保障院校协作的顺利实施。构建院校协作培养体系可从以下几方面入手：

（一）建立师资互聘制度

高校教师具备丰富的理论知识和科研经验，但对中小学教学及日常运作不够了解，实践经验较为匮乏，面对复杂多变的教学场景存在理论失语的困境。一线优秀教师具有丰富的实践经验，能够通过案例和基于现实的指导高效解决教学问题，但往往无法上升到理论高度。建立师资互聘制度有利于弥补高校教师和一线优秀教师的教育"短板"，发挥双方的优势和特长，实现共赢，共同促进中小学教师、准教师成长。

师资互聘指将高校教师和一线优秀教师互聘到对方单位，如中小学教师到大学担任师范生实践类课程教学工作，高校教师深入中小学一线，参与中小学教育科研和教师培训，为教育理论研究奠定更扎实的实践基础。

师资互聘制度能够为院校协作深入发展奠定基础，是教育理论与实践融合的有效途径。

（二）建立职前实践教学体系

教师职前教育的实践教育多由实习、见习组成。传统的教师职前教育模式是先进行理论学习，而后让师范生在毕业前进行短暂实习。见习在理论课程中进行，但时间短，与实习关联性不强，实际效果有限。

构建院校协作培养体系，可充分利用中小学与高校的协作关系，建立贯穿师范生四年高校教育的职前实践教学体系，提升理论与实践的关联性。

职前实践教学体系不仅体现在时间的连贯性，还体现在理论与实践内容的交织，因此应根据师范生不同阶段的理论知识学习设计实践教学内容，循序渐进地培养师范生的实践技能。

职前实践教学体系可将师范生高校学习的四个学年分为四个阶段，以提高师范生实践教学能力为目标，根据师范生认知规律和职业能力培养规律规划教育见习、实习内容，通过高校与中小学的全程贯通将师范生培养成能够胜任中小学教育工作的合格教师。具体实践教学体系可参考表7-1。

表 7-1 职前实践教学体系

年 级	项 目	实践内容	技 能	目 标
大学一年级	感知见习	感知教育，到中小学观摩学校仪式和教育活动，提交见习日记	人际沟通	了解学校基本运作、教师工作日常，培养职业情感
大学二年级	体验见习	到中小学听课，学会评课，提交听课记录	教学设计与实施	掌握教学实践知识，体验教学
大学三年级	参与实习	协助教师开展教育教学活动	课堂监控与管理	在真实情境中培养教学能力
大学四年级	探究研习	在常规教育实习基础上完成教育调查，尝试解决现实问题	教学研究	形成教学研究思维和能力

（三）建立院校协作科研机制

高校教育学者、研究者与中小学教师属于不同组织，要保障院校协作科研的顺利进行，需要建立院校协作科研机制。

1.确立共同目标

建立院校协作科研机制，需要确定共同的工作目标。共同的工作目标能够凝聚高校学者和中小学教师的力量，促进教育科研项目的顺利进行。这一共同工作目标即为促进教师专业发展，解决教育教学问题。在这一共同目标下，一线教师、学校、高校学者可有自己的独立目标，但都服务于共同目标，共同目标是构建协作科研机制的基础。

2.完善制度保障

为保证院校协作科研机制的长时间运行，应完善保障制度。首先，应将教育科研项目安排在中小学的优先事项中；其次，应关注中小学教育科研制度完善，如时间、经费和支持性政策等，将教师科研作为促进教师专业化发展、提高学校教育教学质量的重要手段，并将其融入学校行政管理结构中；此外，还应给予教师更多自主权，使其能够对工作时间进行合理安排，平衡"教学"与"研究"的工作比例。

3. 形成长效协作体系

院校协作科研以教师培养为重要目标，因此应建立长效协作体系，促进不同成长阶段、不同类型教师的专业化发展，如培养新教师的科研敏感性，优化经验教师的科研思维，促进骨干教师个人教学理论形成等。

（1）培养新教师的科研敏感性。科研敏感性是教师对教学情境中教学行为、教学事件、教学手段、教学对象的了解、研究倾向。新教师对教学情境的人和事不敏感，容易错过调整教学内容和教学方法的时机。院校协作科研可采取小组合作方式，让高校教师和资深教师共同指导新教师，关注新教师需求，从小课题入手，鼓励新教师表达自我，提高新教师的科研敏感性。

（2）优化经验教师的科研思维。经验型教师具备丰富的教学经验，能够迅速辨别有价值的研究问题，但却无法将零碎的事实组织起来并建立联系。如何运用相关研究方法和理论探寻有效解决策略是经验型教师教育研究难点。高校教师具备丰富的教育教学理论知识，能够帮助经验型教师将教学实践理论化。在院校协作中，由于高校教师缺乏一线教学实践，经验型教师与其合作的意向并不明显。学校可通过建立专家资料库等形式，为教师提供双向选择平台，中小学教师可根据自身研究方向、兴趣选择相应专家指导，优化自身科研思维。

（3）促进骨干教师个人教学理论形成。骨干教师具备丰富的教学经验和一定的教育理论基础，形成个人教学理论是骨干教师转变为专家型教师的必经之路。教师个人教学理论是教师以自己所教学科为基础，在长期教学实际中通过研究、反思、感悟形成的独特教学思想和教学理论。

骨干教师具备问题解决式思维，这种思维虽有利于教学问题的解决，但不利于教师看到问题之间的相关性，提炼问题本质，形成个人教学理论。高校专家能够引导骨干教师培养目的式思维，即帮助骨干教师认清自身教育追求，形成专业愿景，从而用教育愿景串联自身经历与问题，形成个人教学风格和独特的实践操作体系。

三、院校协作培养形式

中小学教师院校协作培养的常见形式有双师型教师任教、教师工作坊、驻校教师培养模式等。

（一）双师型教师任教

双师型教师任教是指在教师教育过程中，由一线优秀教师和高校教师共同为师范生授课。一线优秀教师能够就教学改革热点、教学实际问题开设讲座、课程或进行实践指导，帮助师范生获得教育教学体验；高校教师能够传授师范生系统的教育教学知识、科学研究技巧、教学技巧，帮助师范生获得完善的专业知识结构，提高其教育科研能力。

双师型教师任教主要有两种形式，一种是一线教师独立开设课程；一种是"双主讲"，即高校教师和一线教师同授一门课程。

1.一线教师独立开设课程

一线教师独立开设课程，可根据本学科内容有针对性地教授学生，如围绕教育教学实践、学科知识运用展开课程。一线教师教授的课程应实践性、可操作性较强，通过直观感知帮助学生体会真正的课堂生态。

此外，一线教师还可通过教学案例等帮助学生建立理论与实践的联系，启发学生对真实教育状况进行思考，审视自身学科教学的知识结构和能力表达存在的不足。

2."双主讲"

"双主讲"是高校教师和一线教师共同上一门课程以加强学生实践技能的培养。例如，师范生在高校教师指导下掌握基本教学技巧，学生在进行展示时，高校教师多从理论角度分析，一线教师则从实践角度指出学生的不足，如教学环节纰漏、与现实不符之处等。此外，一线教师还会进行示范，帮助学生明确自身教学技能的发展方向。

高校教师与一线教师对问题的不同看法和解决思路有利于拓展学生视野，让学生学会辩证地分析问题，防止学生偏信理论知识，或将教育实践神圣化、技艺化。学生在这种授课模式下，能够认识到实践经验和理论结合的重要性，进而不仅运用理论指导教学实践，还能够在实践中不断反思和总结教育理论，并形成科学的实践性知识。

（二）教师工作坊

教师工作坊是教师培训新形式，是在院校协作背景下教师网络研修与校本研修结合的培训形式。教师工作坊最早起源于德国，被用于培养工程设计师和建筑设计师，包括学生、"形式导师""工作室师傅"等成员，"形式导师"教授理论性知识，"工作室师傅"教授技术类知识，学生作为"学徒工"在工作坊进行实践操作。

教师工作坊在建筑设计师培养方面取得成功，后逐渐被用于教师培训。其依托实体学习平台、网络研讨等虚拟平台，集中开展专题研究，开发、整合教育教学资源。

教师工作坊一般由高校教师、教研人员、一线名师和参训教师组成，各成员发挥自身职能，共同促进中小学教师的专业化发展。作为跨地区教师学习实践团队，教师工作坊具有全程协作、自主实践、目标统一和网络支持等基本要素。

1.全程协作

教师工作坊中的成员在参与活动时，处于全程协作的状态，每个成员都有明确的任务。

作为学习共同体，教师工作坊多以主体研修的形式开展学习。参训教师结合日常工作困惑提出问题，所有成员通过在线讨论等方式发表观点，并达成相对一致的意见。通过这种方式确定主题后，教研人员设计研修方案，形成活动序列。

研修活动期间，高校教师根据主题进行理论指导，一线名师则进行示范，教研人员进行总结和点评，参训教师根据活动主题进行实践，并形成视频、微课上传到研修平台。高校教师和一线名师对参训教师的实践教学提出改进策略，参训教师根据改进策略再进行实践教学，并通过反思和互评不断完善。

2.自主实践

传统的教师培训中，参训教师是被动的服从者，在培训过程中以观摩、聆听为主。在教师工作坊教师培训中，参训教师是主要参与者，通过自主实践提升自身专业能力。

教师工作坊研修活动主题由参训教师提出，因此主题多是教师在教学过程中遇到的共同问题。此外，在研修过程中，参训教师除参与讨论外，还需要回到真实的教学环境进行实践、反思和改进，而后进行二次实践。因此，参训教师自主实践是教师工作坊教师培训的重要内容。

3. 目标统一

教师工作坊的共同目标是提高参训教师的专业能力和素养。参训教师希望通过研修提升教学实践能力，丰富学科教学知识；高校教师和一线名师则协助指导参训教师，通过学术分析、案例示范帮助参训教师解决疑难问题，以实现参训教师的专业化成长。

4. 网络支持

教师工作坊是跨地区的教师学习实践团队，需要依靠网络优势，形成有利于团队互动策划、组织、开展、反馈、评价的网络环境。网络环境对教师工作坊的运行起到关键性作用，是教师工作坊顺利运行的基础。

教师工作坊网络支持包括网络学习平台、追踪评价工具、交流沟通工具（如电子邮件、QQ、微信）等，其既能够提供交流平台，也能够提供丰富的网络资源，教师工作坊对教学资源的整合、开发、利用。

（三）驻校教师培养模式

驻校教师培养模式起源于美国，是"实践式"学士后教师教育培养模式，即由高校、中小学、第三方机构共同实施的教师职前、入职、职后一体化培养模式，为我国中小学师资培养提供参考。

驻校教师培养模式主要以中小学为培养场所，强调在实践中学习理论、学习教学技巧。这种形式实现了教师职前教育与职后教育的衔接，即学生在大学毕业后入驻学校，由高校教师、中小学教师组成的指导教师队伍提供教学指导，并进行三年为期限的入职培训。

驻校教师培养模式所提供的多元化主体、多样化资源，所倡导的实践、协作等是教师教育改革的发展方向，能够完善多主体协作机制，搭建教育理论与实践的沟通平台。

第二节　锻造品牌：特色教师的"名师之路"

当今社会信息技术高速发展，巨量的信息充斥着人们的日常生活。人们获取信息的渠道越来越多，这对教师传统的"传道授业解惑"地位产生一定的冲击。不少教师无法适应角色转换，因自身精力、时间有限无法做到全知全能而感到挫败。在这一背景下，教师要做到出类拔萃，需要认准发展方向，在日常工作中形成自身特色，超越自我，展现人格魅力，从而成为专业能力优秀、广受学生喜爱、具有个人教学风格的特色教师。

特色教师是教师专业化发展的重要方向。对于教师个人而言，不断提升自身专业能力，形成个人教学特色有利于实现自我价值，完成教育理想；对于学校而言，培养特色教师不仅能够提高学校教育教学质量，还能打造"名师品牌"，依靠"名师效应"提升学校影响力。

特色教师培养对我国教师教育具有积极意义，其既能够帮助职业瓶颈期教师找到新的职业生长点，促进教师持续发展；又能够帮助青年骨干教师和新入职教师更快展现个人特色，明确发展方向，找到职业定位。提高特色教师培养的重视程度，能够有效提升我国中小学教师教育质量，培养出更多符合时代发展的优秀教师。

特色教师的培养需要学校、院校机构、教师个人的共同努力。学校可以开展"特色教师工程"，锻造特色教师品牌，为教师铺就特色成长之路；院校机构可以为教师提供个性化成长方案，帮助教师找到个人特色；教师可以通过不断学习、实践、反思，加强自我认知，找到适合自己的专业发展道路。

一、学校开展"特色教师工程"

中小学应重视教师专业发展，为教师提供良好的成长环境和更多成长机会。为培养更多特色教师，学校可开展"特色教师工程"，根据教师需求，为教师专业发展量身定制个性化措施。

"特色教师工程"应将学校发展与教师专业发展定位、学科建设、课程改革等有机结合，在符合学校建设发展要求的前提下，充分考虑教师个人特长和特点，逐步开展特色教师培养工作。

作为中小学教师培养项目，"特色教师工程"可分为申报与规划、践行与培养、汇报与考核三个阶段。

在申报与规划阶段，教师自觉申报参与项目，校领导拟定具体实施方案，并将不同学科的教师划分小组，任命组长，由组长带领小组逐步开展相关工作。

践行与培养阶段包括探索实践、改进实践、总结反思三个模块。在探索实践模块，学校可以专家讲座、百家论坛、现代信息技术培训、课堂教学竞赛为载体，有针对性地对申报教师进行培训指导，而后进行阶段性汇报。在改进实践模块，学校总结探索经验，改进后继续落实培训计划，并组织特色教师以课堂形式进行成果展示。在总结反思模块，特色教师以小组为单位，总结经验与改进措施，继续落实特色发展方案，并整理留存资料，录制特色微课。

在汇报与考核阶段，申报教师以文字说明和微课展示的形式进行汇报、总结和答辩，学校对教师进行认定和审核，对审核通过的教师授予称号并颁发证书。

二、院校机构提供个性化成长方案

特色教师的发展关键在于个性化成长，要培养特色教师，应为教师提供个性化成长方案。院校机构是教师专业化发展的重要部门，其可以通过开展个性化教师培养项目等方式，帮助教师实现特色化成长。

青年骨干教师、中年骨干教师在专业化发展过程中，不可避免地会遇到职业瓶颈期，想要度过瓶颈期，可将教育科研、特色化发展等作为抓手，不断提升自我。院校机构应结合骨干教师具体需求，为不同的骨干教师设计个性化发展方案，并通过课程培训、教育科研等帮助骨干教师实现可持续发展，迈向职业发展新阶段。

个性化成长方案应以参训教师为主体，根据参训教师需求设计培训方案，并采取名师导师制，对教师进行一对一指导。培训课程既包括通识类必修课程，也包括学科组自主研发，学员根据需求选择性参加自选课程，还包括导师与学员开展的基于学员自身特点定制的个性化课程。个性化成长方案能够关注骨干教师的个性化差异，建立一对一长期指导关系，帮助教师走上具有个人特色的"名师之路"。

三、个人探索"特色教师"道路

要成为特色教师，教师的个人探索与努力必不可缺。在日常教学工作中，教师可通过正确认知自我，找准个人特色，并在不断实践和努力中探索适合自己的专业化发展道路，形成个人教学思想、教学风格，逐渐成长为特色教师。特色教师道路的个人探索具体可分为四个步骤：第一步，寻找特色，找准方向；第二步，确立特色，主动实践；第三步，锤炼特色，不断反思；第四步，内化特色，成就名师。

（一）寻找特色，找准方向

教师探索特色发展道路的第一步是寻找自身特色，找准发展方向。在这一过程中，教师应从以下方面入手：

首先，教师应深入了解任教学科，并能够用自己的语言、方法阐述任教学科的知识体系、知识结构和学科规律。扎实的学科知识功底是教师将学科特色与自身特点相结合的必要前提。

其次，教师应对学生具备整体认知，并能够把握学生群体的身心特点。学生在教育教学活动中占据主体地位，要成为优秀的特色教师，提高教学质量，教师必须从学生入手，了解学生在想什么、关注什么、喜欢怎样的沟通方式等。了解学生是教师找到高效教育教学方法，提升教学质量的关键。

最后，教师应对自我有较为清晰的认知，能够找准自身优势，并扬长避短。教师在自我了解过程中，应关注自身感兴趣的教育教学领域，并结合自己所教学科、学生实际情况等，选择适合自己的特色发展方向，制定可行的专业发展规划。

（二）确立特色，主动实践

教师在找到发展方向后，应主动实践，在教育教学实践工作中逐步形成个人教育理念、教学方式和教育方法。

教师在专业化成长过程中需要借鉴别人的成功经验。许多优秀教师有先进独特的教育思想、精湛的课程设计等，教师在学习、借鉴过程中一定要有选择，充分发挥自身长处，集中自身优势，而不能生搬硬套，盲目学习。

此外，在教学实践中，教师应根据自身的特色，有目的、有意识地进行教学改革，在尝试新想法、新方法时，要保证其顺应教育教学规律。发展自身教学特色的根本目的在于提高教学效率，因此教师不应过分关注"特色"这种形式，而应注重"特色"教学的有效性。

（三）锤炼特色，不断反思

当教师教学特色逐步形成并趋于稳定时，教师应趁热打铁，锤炼特色并不断反思，促进自身独特教育教学风格的形成。

锤炼特色需要教师不断学习、充实和提高，寻找理论与实践的结合点，找到自身特色与学科教学、学生实际情况的结合点，不断积累实践智慧，并在研究中创新，提升教育教学素养。

此外，教师还应不断反思，在反思中总结实践，升华经验。在反思总结过程中，教师能够适时调整和改进自身教学特色，不断提高自身专业水平和能力，从而在特色发展道路上越走越远。

（四）内化特色，成就名师

教师个人风格的形成是长期积累、不断"内化"的过程，因此，教师应将"提升自己，超越自我"放在重要位置。教师在自我提升过程中，内化自身特色，完成从普通教师向优秀特色教师的转化。

教师特色首先应具备学科特色，脱离学科教学特点的教学方法，难以适应学科教学；此外，教师特色应展示教师个性，如风趣幽默、儒雅稳重等。教师在完善自身的基础上内化教学特色，将自身人格魅力与独特教学方法相结合，予以学生潜移默化的影响，使学生受益终身的同时，成就自身名师之路。

第三节　榜样效应：充分发挥骨干教师带动作用

骨干教师是中小学教师队伍的中流砥柱，是教师群体中的佼佼者，在学校教育教学工作中发挥着至关重要的作用。在教师培养过程中，我们应充分发挥骨干教师的带动作用，促进教师队伍的整体建设（图7-1）。

图 7-1 骨干教师的带动作用

一、充分发挥骨干教师的驱动作用

学校中教师如果处于相同层次，教师之间会产生相互制约的惰性，教师会容易安于现状，不愿"拔尖"。只有拉开层次，你追我赶，才能激发教师群体的活力，推动位于中间层次和靠后层次的教师追求更高的工作目标。

中小学应注重骨干教师的驱动作用，有意识地在精神、物质等方面对骨干教师予以充分表彰，并构建竞争机制，激励教师不断进取，促使学校焕发开拓进取的活力。

二、充分发挥骨干教师的榜样作用

骨干教师虽然并非面面俱全，但是往往能最直观、最现实地体现学校对优秀教师的要求和标准。骨干教师的专业素养、道德品质、治学态度等都应成为普通教师自我衡量的标准。

学校应充分发挥骨干教师的榜样作用，利用多种渠道宣传骨干教师先进事迹，为普通教师树立前进目标，潜移默化地促进更多教师迈向专业化发展的道路，进而提升学校整体教师队伍的专业水平。

三、充分发挥骨干教师的窗口作用

学校骨干教师的教学水平，往往代表学校最高教学水平；学校骨干教师的教学特色，往往能够反映学校的办学特色。学校应充分发挥骨干教师的窗口作用，提高学校知名度，振奋全校师生的士气，进而提升学校办学质量，彰显学校办学特色。

校领导应将培养、宣传、鼓励骨干教师的工作纳入学校基本工作，并使其标准化、流程化。培养骨干教师能够增强学校师资力量，从而提升学校办学质量；宣传骨干教师能够提高学校知名度，通过办学特色吸引更多学生；鼓励骨干教师有利于教师队伍的不断进取。

四、充分发挥骨干教师的辐射作用

骨干教师具有独特的人格魅力、扎实的专业基础和高超的教学技能，对整体教师队伍素质的提升具有示范引领作用。学校应充分发挥骨干教师的辐射作用，促进学校乃至区域其他教师的专业化发展。

（一）鼓励骨干教师参与教育科研

骨干教师的成长源于学校，骨干教师对于学校的文化、教研等多方面具有深刻的认知，对于学校教师的整体水平和接受能力也有一定的掌握。学校教育科研活动是全体教师共同成长和发展的平台，在教师群体内积极组织由骨干教师带头或参与的教研活动，规定骨干教师的教研任务和发展目标，能够发挥骨干教师的示范作用，同时对于其他教师而言，也是一种专业发展方向的引领。

（二）师徒结对，带动青年教师成长

青年教师的成长迫切需要有经验、有能力的骨干教师的指导。学校要充分利用骨干教师的优势，遴选一批热爱教育事业、发展欲望强烈、发展潜力巨大的青年教师，帮助他们与骨干教师形成"师徒"关系，由骨干教师为其制订科学、合理的学习计划，进行发展规划。骨干教师要带领青年教师参与到教学实践中，手把手培养一批青年教师，组建合理的教师梯队，为学校教师队伍增添活力。

（三）建立教师共同成长团队

对于处于定型期的教师而言，其自身理论知识有了一定积淀，专业能力也能满足教学需求，但是在向更高层次专业阶段发展时常常遭遇瓶颈。对于这部分教师，骨干教师要担负起指导重任。从学校的教师队伍发展规划来说，可以建立由骨干教师带头的教师共同成长团队，在团队中，教师就教学理论与实践中的难点问题相互交流，共同寻找解决问题的办法，在探寻中前进，以达到共同成长的目的。

（四）加大骨干教师间的交流力度

当前，教育部启动了县（区）域内教师交流轮岗工作，部分省市也配套出台了相关政策。教师交流的主体是骨干教师。骨干教师的成长不能是故步自封的，应该是与时俱进的，更新的教育理念、更好的教学方法等不是关起门来研究就能产生的，需要教师间相互交流，思维彼此碰撞。在学区内、县（区）域内甚至县（区）之间开展形式广泛的骨干教师交流工作，能够将不同学校、不同区域骨干教师的教育理念融合，在碰撞中产生新的火花，形成更科学、更合理、更实用的教育理论和实践经验，真正在区域间发挥骨干教师的作用。

参考文献

[1] 王利琳，项红专，蒋永贵，等 . 卓越教师培养的探索与实践 [M]. 杭州：浙江大学出版社，2018.

[2] 李文翎 . 卓越教师培养的模式与实施探索 [M]. 广州：广东人民出版社，2018.

[3] 潘海燕，夏循藻 . 骨干教师成长的秘诀 [M]. 北京：中国轻工业出版社，2008.

[4] 伍小兵 . 骨干教师素质与个性特征研究 [M]. 呼和浩特：远方出版社，2003.

[5] 李晓波 . 教师专业发展 [M]. 南京：南京大学出版社，2016.

[6] 邱芬 . 高校体育教师胜任力研究 [M]. 武汉：武汉大学出版社，2015.

[7] 王强 . 教师胜任力发展模式论 [M]. 上海：华东师范大学出版社，2011.

[8] 曹志峰 . 高校教师胜任力与工作绩效关系研究：复合型组织支持的作用机制 [M]. 武汉：武汉大学出版社，2019.

[9] 王艳辉 . 校本教研实践与教师专业发展 [M]. 长春：吉林人民出版社，2020.

[10] 杨江峰 . 校本教研与教师专业成长 [M]. 福州：福建人民出版社，2014.

[11] 肖海婷，蒋新国，张艳枚 . "三位一体"卓越体育教师培养目标、模式及成效探讨：以惠州学院为例 [J]. 惠州学院学报，2022（3）：22-27.

[12] 马青翠 . 依托骨干教师工作室促进青年教师发展策略探究 [J]. 创新人才教育，2022（3）：54-59.

[13] 秦丹莹 . 本硕一体化教师培养模式的改革与实践研究 [D]. 湖州：湖州师范学院，2022.

[14] 喻颖 . 小学新手型教师胜任力问题及提升策略 [D]. 哈尔滨：黑龙江大学，2022.

[15] 李博.新时代中小学教师职业道德问题研究 [D].沈阳：沈阳师范大学，2022.

[16] 王军.新时期中小学教师专业化成长发展"四策略"[J].教书育人，2022（13）：46-48.

[17] 刘庆红.我国教师教学胜任力研究热点与趋势分析 [J].长春教育学院学报，2022（2）：11-19.

[18] 赵倩铭.名师工作室引领下的教师专业发展探究 [J].中学教学参考，2022（12）：85-87.

[19] 李慧转.名师工作室区域联盟教研助推教师专业发展 [J].河南教育（教师教育），2022（4）：26-27.

[20] 朱智伟，符和满.农村初中数学骨干教师省级培训的设计与实施：以粤西北地区农村初中数学骨干教师培训为例 [J].肇庆学院学报，2022（2）：1-5.

[21] 张啟胜.中学教师教学胜任力的内涵要义、逻辑架构与发展路径 [J].教育理论与实践，2022（8）：22-26.

[22] 林石.变革与发展：区域研训一体多元模式探析 [J].亚太教育，2022（4）：184-186.

[23] 沈坤华.名师工作室研修助推教师专业成长：以"沈坤华高中化学特级教师工作室"为例 [J].现代中小学教育，2022（2）：55-58.

[24] 刘娟，姚恺帆."一制三化"卓越教师培养模式的实践探索 [J].新课程导学，2022（4）：16-17.

[25] 周杉，夏海鹰.乡村骨干教师培训需求分析：意义、困窘与突破 [J].继续教育研究，2022（3）：53-57.

[26] 杨瑞勋.中小学教师专业发展的师徒制研究 [D].天津：天津师范大学，2021.

[27] 孙洲云.教师教育视域下研训教一体化的理念与实践 [J].中小学教师培训，2021（11）：4-7.

[28] 支来凤，王东芳，陈超."骨干教师工作室"助力智慧教师专业发展：信息技术应用能力提升工程 2.0 试点校实施案例 [J].中小学信息技术教育，2021（10）：47-49.

[29] 朱伶俐，贺宏伟.精准研训提升骨干教师"国培"实效性 [J].中小学管理，2021（10）：47-49.

[30] 唐信焱.中小学教师校本培训的现实困境、发展逻辑与实践路径[J].中国成人教育，2021（17）：69-73.

[31] 朱旭东，廖伟，靳伟，等.论卓越教师培训课程的构建[J].课程·教材·教法，2021（8）：23-31.

[32] 包睿华.中小学教师培训中加强思想政治教育的重要性探析[J].新课程，2021（28）：220.

[33] 姚丽华.校本教研，教师专业发展的有效途径[J].河南教育（教师教育），2021（7）：32.

[34] 楼天健.新时代高中思想政治课青年教师胜任力现状及其提升策略研究[D].武汉：华中师范大学，2021.

[35] 潘超，扈志洪."三线四段"骨干教师培训模式与实践[J].内江师范学院学报，2021（6）：13-18.

[36] 王刘华，梁青青，查方勇.高校教师胜任力素质模型的构建与实证研究[J].价值工程，2019（21）：232-235.

[37] 王亚萍.大数据视角下高校教师岗位胜任力的评价体系构建[J].中国高等教育，2018（18）：54-56.

[38] 杨炳君，郭雅娇.高校教师胜任力模型构建研究[J].中国高等教育评估，2018（2）：17-22.

[39] 李小娟，胡珂华.基于行为事件法的高校教师胜任力研究[J].湖南师范大学教育科学学报，2017（5）：110-115.

[40] 杨明.创新型人才培养下的高校教师胜任力关键影响因素分析[J].中国成人教育，2017（4）：138-140.

[41] 严尧.高校教师胜任力模型的构建与初探[J].价值工程，2013（5）：277-278.

[42] 郑洁.胜任力视角中的高校教师资格认定[J].教育评论，2013（5）：57-59.

[43] 徐智华，葛俏君，甘杰.高校教师胜任力模型研究述评[J].现代教育科学，2012（9）：166-168，172.

[44] 陈永刚.基于"学校现场"的乡村骨干教师培养策略研究[J].丽水学院学报，2021（3）：90-96.

[45] 陈振国.区域中小学骨干教师遴选与培养的思考[J].大连教育学院学报，2021（1）：9-11.

[46] 田成良，樊凯.基于区域性教师专业共同体建设的研修转型与创新 [J]. 中小学教师培训，2021（1）：16-19.

[47] 董刚，陈世锦.基于专业发展阶段区域五级骨干教师培养体系建构 [J]. 知识文库，2020（17）：152-153.

[48] 何凌.本科高校专家型教师教学胜任力研究：以山东省五所本科高校为例 [D]. 济南：山东财经大学，2020.

[49] 吴丹.高中教师校本研修现状及优化策略研究：以盘锦市六所高中为研究对象 [D]. 锦州：渤海大学，2019.

[50] 苗洁.立足校本、研修结合，促进教师专业化发展 [J]. 小学教学研究，2019（32）：6-8.

[51] 蒋莺.区域骨干培养与校本研修的实践探索 [J]. 现代教学，2019（21）：6-7.

[52] 苏经纬.中小学骨干教师培养策略研究 [J]. 吉林省教育学院学报，2019（8）：27-30.

[53] 翟爽.同课异构促进新手高中物理教师专业发展的研究 [D]. 济南：山东师范大学，2019.

[54] 李晓红.农村青年教师专业发展的引领与培训 [J]. 中学课程辅导（教师教育），2019（10）：24.

[55] 董典正."国培计划"中体育骨干教师培训现状、问题及对策研究 [D]. 北京：首都体育学院，2019.

[56] 鄂百慧.基于UPS的初中数学研训一体化研究 [D]. 沈阳：沈阳师范大学，2018.

[57] 阳柳平.广东"三位一体"骨干教师培训模式的实效性研究 [D]. 湘潭：湖南科技大学，2017.

[58] 秦杰.小学骨干教师培训实效性研究 [D]. 长春：东北师范大学，2017.